Franz A. Comes

Der PreisverhandlungsCoach

Franz A. Comes

Der PreisverhandlungsCoach

Wie Du als Verbraucher bzw. Konsument (m/w) selbstsicher und psychologisch fundiert Preisnachlässe aushandelst

Trainerverlag

Impressum/Imprint (nur für Deutschland/only for Germany)
Bibliografische Information der Deutschen Nationalbibliothek: Die Deutsche Nationalbibliothek verzeichnet diese Publikation in der Deutschen Nationalbibliografie; detaillierte bibliografische Daten sind im Internet über http://dnb.d-nb.de abrufbar.

Coverbild: www.ingimage.com

Verlag: Der Trainerverlag ist ein Imprint der
Südwestdeutscher Verlag für Hochschulschriften GmbH & Co. KG
Heinrich-Böcking-Str. 6-8, 66121 Saarbrücken, Deutschland
Telefon +49 681 37 20 271-1, Telefax +49 681 37 20 271-0
Email: info@verlag-trainer.de

Herstellung in Deutschland (siehe letzte Seite)
ISBN: 978-3-8417-5049-5

Imprint (only for USA, GB)
Bibliographic information published by the Deutsche Nationalbibliothek: The Deutsche Nationalbibliothek lists this publication in the Deutsche Nationalbibliografie; detailed bibliographic data are available in the Internet at http://dnb.d-nb.de.

Cover image: www.ingimage.com

Publisher: Trainerverlag
is an imprint of the publishing house
Südwestdeutscher Verlag für Hochschulschriften GmbH & Co. KG
Heinrich-Böcking-Str. 6-8, 66121 Saarbrücken, Deutschland
Phone +49 681 37 20 271-1, Fax +49 681 37 20 271-0
Email: info@verlag-trainer.de

Printed in the U.S.A.
Printed in the U.K. by (see last page)
ISBN: 978-3-8417-5049-5

Vorwort

Mit dem vorliegenden Buch möchte ich sozusagen „zwei Fliegen mit einer Klappe schlagen“, d.h. dieses Buch bietet einen **zweifachen Nutzen**.

Tagtäglich stellen wir fest, dass alles immer teurer wird. Die eigenen Einnahmen steigen aber leider nicht in demselben Maße, so dass viele Menschen Jahr für Jahr einen Kaufkraftverlust hinnehmen müssen. Von daher ist meine Idee, zumindest beim **Einkauf höherwertiger Produkte**, aber auch von **Dienstleistungen**, den immer wieder gepriesenen Marktmechanismus unserer (sozialen) Marktwirtschaft sozusagen beim Schopfe zu fassen und als Konsument bzw. mündiger Verbraucher (m/w) den Zusammenhang zwischen Angebot und Nachfrage ernst zu nehmen. Ich möchte Dich, liebe Leserin, lieber Leser, in 30 Schritten („Steps“) darin coachen, beim Einkauf so geschickt zu verhandeln, dass Du das gewünschte Produkt zu einem **möglichst günstigen Preis** erhältst.

Ein - sicherlich willkommener - Nebeneffekt dieses Buches ist, dass Du mit dem Durcharbeiten der psychologisch fundierten Theorie und der praktischen Übungen dieses Buches Deine **soziale und kommunikative Kompetenz** und Deine **Selbstsicherheit** trainierst.

Noch ein Wort zu der Form der Ansprache in diesem Buch. Ich habe die „Du-Form“ gewählt, um die Tatsache, dass wir uns über das Buch nicht persönlich begegnen, etwas abzumildern. Sei bitte versichert, dass dieses „Du“ in keiner Weise abwertend gemeint ist. Als langjährig tätiger psychologischer Coach und Therapeut ist für mich der wertschätzende, respektvolle Umgang mit meinen Klientinnen und Klienten Kernelement meiner Berufsausübung. Das Gleiche gilt selbstverständlich, wenn ich - aus Gründen der Lesbarkeit - nicht immer konsequent die weibliche und männliche Form von Substantiven verwendet habe.

Ich wünsche Dir viel Freude und Erfolg beim Durcharbeiten und Umsetzen dieses Buches.

Sulzbach/Saar, im Juni 2012

Franz Albert Comes

P.S. Dieses Buch widme ich meiner Ehefrau, die durch ihre Ideen und Praxisbeispiele zu einer Optimierung des Textes beigetragen hat. Mein besonderer Dank geht auch an den Verlag, insbesondere an die Autorenbetreuerin, Frau Inese Skucenkova, für die fachkundige Begleitung und Unterstützung bei diesem Buchprojekt.

Inhaltsverzeichnis

STEP 01 Warum Du beim Verhandeln über Preise („Feilschen“) kein schlechtes Gewissen zu haben brauchst

Herzlich willkommen zum Trainingskurs in Buchform zum Thema „Aushandeln von Preisnachlässen“! Ich werde mein Bestes geben, um Dich bei dem Erreichen des Kurszieles zu unterstützen und Dich zu einem kompetenten Preisverhandler zu coachen. Mein Ziel ist es, Dir in den folgenden **30 Buchkapiteln (STEPs)** das nötige Wissen zu vermitteln, damit Du künftig vor allem beim Kauf höherwertiger Artikel, wie z. B. Elektronik, PCs, Musikinstrumenten oder Autos, erfolgreich um den Kaufpreis verhandeln kannst und Geld sparst.

Der Schriftsteller *Sigmund Graff* hat die Berechtigung - ja: Notwendigkeit! - beim Einkaufen zu handeln, deutlich auf den Punkt gebracht:

Es ist ein Schönheitsfehler des Kapitalismus, dass er zwar allen die gleiche Chance gibt, geschäftstüchtig zu sein, es aber unterlassen hat, dafür zu sorgen, dass alle auch die gleiche Geschäftstüchtigkeit besitzen, um sie wahrzunehmen.

Theoretisch wird in einer **Marktwirtschaft** der Preis im Wesentlichen durch Angebot und Nachfrage bestimmt:

Je größer die Nachfrage nach einem Produkt, um so höher sein Preis und umgekehrt: Je geringer die Nachfrage, um so niedriger der Preis.

In der Praxis gibt es jedoch Möglichkeiten, diesen Marktmechanismus außer Kraft zu setzen. Beispiele dafür sind etwa die gesetzliche Buchpreisbindung oder die künstliche Verknappung des Angebots durch die Lieferanten, wie wir das - so vermuten Kritiker - z.B. schon beim Öl- und Benzinpreis erlebt haben.

Das Funktionieren der Marktwirtschaft setzt ein freies Spiel der Kräfte gleichberechtigter und gleich starker Partner voraus. In der alltäglichen Praxis ist von diesem Ideal jedoch häufig wenig zu spüren: Insbesondere große Unternehmen versuchen manchmal, den Marktmechanismus auszuschalten, um letztlich die Preise diktieren zu können. (Der Staat versucht, solchen Auswüchsen mit dem Verbot von Kartellen zu begegnen).

Nach der Aufhebung des Rabattgesetzes und der Zugabeverordnung hatten die Medien gehäuft über die Möglichkeit, Nachlässe auszuhandeln, berichtet. Mit der Abschaffung des fast 70 Jahre geltenden Rabattgesetzes im Sommer 2001 hatte der Gesetzgeber ein klares Ja zum marktwirtschaftlichen Wettbewerb ausgesprochen. Bis dahin durften bei einwandfreier Ware maximal drei Prozent Preisnachlass bei Barzahlung gewährt werden. Nach der Zugabeverordnung waren nur geringwertige Geschenke, z.B. Kugelschreiber, erlaubt. Wenn Du also heute Dein Recht, über den Preis einer Ware zu verhandeln, ausübst, verhältst Du Dich eindeutig gesetzeskonform. Lass' Dir von niemandem einreden, das Aushandeln von Preisnachlässen sei etwas Schlechtes, oder es sei sogar unmoralisch!

In diesem Zusammenhang wird für das Verhandeln über Preisnachlässe oft der Begriff „Feilschen" verwendet, womit das Verhandeln abwertend in die Nähe von „Zuständen wie in einem orientalischen Basar" gerückt wird. Von solchen Versuchen, Dein Recht zum Verhandeln über einen fairen Preis abzuwerten, solltest Du Dich nicht beeinflussen lassen. Ich möchte Dir stattdessen - wenn es schon „exotisch" sein soll - ein Sprichwort aus dem Jugoslawischen ans Herz legen, das sinngemäß lautet:

Handeln soll man wie ein Fahrender Händler, doch zahlen wie ein Herr.

Natürlich ist es nicht im Interesse des Anbieters, durch einen niedrigeren Preis weniger Geld einzunehmen. Ein Verkäufer bzw. ein Handelsunternehmen möchte einen möglichst hohen Gewinn erzielen, die Kapitalgeber bzw. die Aktionäre streben nach einer maximalen Verzinsung (= Rendite) ihres angelegten Geldes. Das ist in unserer Wirtschaftsordnung auch legitim; denn ein Unternehmen muss auf Dauer Gewinne erzielen, damit es überleben und sich weiterentwickeln kann. Ein möglichst hoher Preis ist da natürlich besonders hilfreich, weil dadurch einfach mehr Geld in die Kasse kommt. Der Gewinn eines Unternehmens wird aber auch noch von vielen anderen Faktoren beeinflusst, z.B. von der Höhe der Kosten des Unternehmens, von der Kundenfreundlichkeit, der Mitarbeitermotivation usw.. Diese Einflussgrößen erfordern jedoch i. d. Regel mehr unternehmerische Innovationsfähigkeit und mehr unternehmerisches Geschick, als, einfach und bequem, nur möglichst hohe Preise zu verlangen ...

Um die Kunden vom „Feilschen" abzuschrecken, ist manchen Händlern bzw. den Vertretern ihrer Verbände fast kein Mittel zu schade: Vom kategorischen Ablehnen von Rabatten

(*„Rabatt ist unmöglich“*) über die Behauptung, das Handeln liege *„nicht in der Mentalität des deutschen Kunden“* bis hin zur Panikmache und zum Wecken von Schuldgefühlen (*„Die Händler müssen Mitarbeiter entlassen, um Rabatte zu finanzieren!“*).

Seit der Abschaffung des Rabattgesetzes bieten etliche Handelsunternehmen indirekte Rabatte in Form von Gutschriften über Kundenkarten an. Das bekannteste System ist hier z.B. das **Payback**-Verfahren. Dabei geht es darum, „treue“ Kunden zu gewinnen. Zusätzlich bekommt der Händler natürlich Informationen über das individuelle Konsumverhalten. Dadurch kann er Kunden in seiner Werbung gezielt, orientiert an ihren Bedürfnissen bzw. Interessen, ansprechen.

Zu dem Payback-System habe ich eine eher skeptische Einstellung. Natürlich kann man sagen, man spart dadurch Geld beim Einkauf. Der Nachteil ist aber, dass die Höhe des „gesparten Geldes“ im Grunde vom Verkäufer vordefiniert wird, also wahrscheinlich bereits über einen höheren Preis einkalkuliert ist. Zudem nutzt das System aus psychologischer Sicht ein Lerngesetz - das Lernen durch die positiven Folgen des Verhaltens -, indem der Kunde einen direkten, aber im Grunde genommen nur gefühlten Vorteil - die Bonuspunkte - als „Belohnung“ für seinen Kauf bekommt. Dadurch steigt die Bereitschaft, auch in Zukunft Käufe zu tätigen, bei denen das Payback-System angewendet wird. Das Ganze ist paradox: Der Kunde erhält für einen (u. U. viel zu hohen) Preis eine Gutschrift, die dann zu weiteren Kaufanimationen, z.B. in Form von „Prämien“ oder über Nachlässe bei weiteren Käufen, genutzt wird. Gewinner ist immer der Händler. Man spricht in diesem Zusammenhang auch von **Kundenbindung**. Wobei alleine das Wort „Bindung“ schon stutzig machen sollte; denn wenn jemand aufgrund einer fairen und kundenorientierten Leistung freiwillig und gerne Kunde ist, braucht man ihn ja nicht zu „binden“ ...

Von all dem solltest Du Dich also nicht abhalten lassen, **Dein Recht als Kundin oder Kunde, auch über den Preis eines Produktes zu verhandeln**, auszuüben! Gerade damit zeigst Du, dass Du unser System der (sozialen) Marktwirtschaft ernst nimmst. Als „mündiger Verbraucher“ bist Du ein glaubwürdigerer Vertreter dieses Systems als Verbandsvertreter und Unternehmer, die die Marktwirtschaft immer nur dann in den höchsten Tönen loben, wenn es zu ihrem eigenen Vorteil gereicht (sprich: der Maximierung ihres Gewinns dienlich ist).

Vielleicht wurzeln Deine eventuellen restlichen Bedenken ja noch in Wissenslücken oder einfach im fehlenden Wissen um das richtige Vorgehen beim Handeln in der Praxis. Ich kann mir gut vorstellen, dass sich Deine Einstellung im Verlaufe des Buches noch eindeutiger in die richtige Richtung wandelt. Arbeite also bitte einfach weiter mit.

STEP 02 Betrachte Preisverhandlungen als „Win-Win-Situationen" für Käufer und Verkäufer

Wenn zwei Parteien unterschiedliche Auffassungen zu einem wichtigen Verhandlungspunkt haben, kommt es häufig vor, dass sie so lange miteinander kämpfen, bis einer aus diesem Kampf als Sieger hervorgeht. Übertragen auf unser Thema bedeutet dies: Entweder setzt der Verkäufer seinen Preis durch, oder der Käufer handelt den Preis so weit herunter, wie es nur irgendwie geht. In beiden Fällen gibt es einen „Sieger" und einen „Verlierer". Der Sieger fühlt sich natürlich blendend; denn er hat seine Position ja eindeutig durchgesetzt. Spiegelbildlich dazu geht es dem Verlierer schlecht, weil er mit seinem Anliegen, den Preis herunterzuhandeln, nicht durchgekommen ist. Zwar kann es kurzfristig ein Vorteil sein, der „Sieger" in einer Auseinandersetzung zu sein. Langfristig zeigt sich jedoch immer wieder, dass es durchaus einem gesunden Egoismus entspricht, auch einmal Zugeständnisse zu machen und damit von den eigenen Maximal-Vorstellungen abzurücken.

Natürlich kann man eine Verhandlung um den Preis eines Produktes als sog. **Null-Summen-Spiel** betrachten: Was der Eine verliert, gewinnt der Andere. Sozialpsychologische Experimente haben allerdings immer wieder gezeigt, dass ein stures Festhalten an dem eigenen maximalen Verhandlungsziel in vielen Fällen - besonders in sozialen Situationen - nicht die erfolgreichste Methode ist. Sinnvoller ist es, sich unter Umständen mit der zweitbesten Alternative zufrieden zu geben. Gerade, wenn man die möglichen „Spätfolgen" eines „Sieges" in Erwägung zieht - Verlust des Kunden bzw. Nicht-Erwerb des begehrten Objektes - ist Kompromissbereitschaft angezeigt.

Zudem besagt eine sozialpsychologische Erkenntnis: *Frustration erzeugt Aggression*. Ein Verlierer ist enttäuscht und frustriert. Dementsprechend wird er seinen Ärger, seine Frustration in irgendeiner Form abreagieren. Wenn der Verkäufer der „Verlierer", ist, kann es sein, dass sich seine Frustration in irgendeiner Weise an Kunden „entlädt", z. B. in Form nachlassender Freundlichkeit oder durch einen schlechteren Service bei eventuellen Reklamationen. Falls der Kunde die Preisverhandlung als „Verlierer“ verlässt, wird er wahrscheinlich in Zukunft in diesem Geschäft nichts mehr kaufen und vielleicht noch zusätzlich „Negativwerbung“ für diesen Händler in dem Sinne machen, dass er anderen potenziellen Kunden von seinen schlechten Erfahrungen erzählt. Der Händler wird also mindestens einen Kunden verlieren.

Wäre es nicht viel schöner, wenn beide Verhandlungspartner - Kunde und Verkäufer - das Gespräch als „Win-Win-Situation“, als „Gewinner“ erleben würden? Ein chinesisches Sprichwort sagt hierzu:

Ein guter Kunde wechselt drei Jahre nicht das Geschäft. Ein gutes Geschäft wechselt drei Jahre lang nicht den Kunden.

Als Dein Coach möchte ich Dich dafür gewinnen, dass Du die Preisverhandlung als eine Situation siehst, die für beide Parteien Vorteile hat: Der Verkäufer, der dem Kunden preislich entgegenkommt, erzielt zwar einen niedrigeren Preis, als ursprünglich beabsichtigt; er gewinnt jedoch einen zufriedenen (Stamm-)Kunden, der auch in Zukunft gerne bei ihm kaufen wird. Auf der anderen Seite betrachtet der Kunde, dem ein Preisnachlass gewährt wird, dies als Zeichen dafür, dass dem Verkäufer daran gelegen ist, ihn zufrieden zu stellen. Er wird einen solchen Händler gerne wieder aufsuchen und ihn wahrscheinlich auch in seinem Bekanntenkreis empfehlen.

Ein solches Win-Win-Ergebnis setzt voraus, dass Du als Kunde nicht zu starr in die Preisverhandlungen gehst. Wie genau Du dabei am besten vorgehst, wirst Du in den weiteren Steps erfahren.

Vielleicht bist Du (noch) der Meinung, dass in erster Linie das Ergebnis zählt. Und wenn Du durch hartnäckiges „Feilschen“ den von Dir gewünschten Preisnachlass durchsetzen kannst, wo ist dann das Problem? Natürlich ist das unbestritten zunächst ein handfester Vorteil für Dich. Du musst allerdings damit rechnen, dass Deine kompromisslose Haltung eine entsprechende Reaktion bei Deinem Gegenüber provoziert. Unter Umständen muss Du damit in Kauf nehmen, dass Du sehr lange warten musst, bis Du das von Dir gewünschte Produkt auch wirklich bekommst - wenn überhaupt ...

STEP 03 Wann lohnt sich das Handeln um den Preis?

Im Prinzip kannst Du seit dem Wegfall des Rabattgesetzes bei jeder Ware oder Dienstleistung über den Preis verhandeln. In der Praxis stellt sich allerdings die Frage, ob dies immer und überall sinnvoll ist. Stell' Dir vor, jeder Kunde würde bei jedem Artikel, z. B. im Supermarkt, über den Preis diskutieren. Das würde sicherlich den Unmut der anderen Kunden in der Warteschlange hervorrufen, immens viel Zeit kosten und schnell zu chaotischen Zuständen im Kassenbereich führen. Obwohl ... Als ich darüber mit einer Freundin sprach, meinte sie: *„Das ist auch im Supermarkt möglich. Neulich habe ich dort Blumen gesehen, die teilweise verwelkt waren. Gerade kam der Marktleiter vorbei, und ich habe zu ihm gesagt, dass die Blumen ja nicht mehr ganz frisch sind. Daraufhin hat er angeboten, dass ich sie zum halben Preis bekomme. Ich hab mir dann gleich zwei Sträuße zum halben Preis gekauft und daraus einen besonders schönen und üppigen, frischen Strauß gebunden."*

Oft bekommt man schon einen günstigeren Preis, wenn man den **Kaufzeitpunkt** ändert. So kaufe ich höherwertige Produkte z. B. nie vor Weihnachten, sondern erst nach den Festtagen. Wenn die Kunden im „Kaufrausch" sind, ist es für Händler leichter, gegebenenfalls auch „Mondpreise" zu erzielen ...

Du solltest Dir genau überlegen, um welches Produkt Du beim Einkauf **wo, wie und mit wem verhandeln** willst. Besonders interessant und in der Regel auch lohnend ist das Verhandeln um den Preis natürlich bei **hochwertigen Produkten**, wie z. B. bei Möbeln, Musikinstrumenten, Unterhaltungselektronik einschließlich Computern und Zubehör, Bekleidung, Automobilen und Immobilien. Der Preisvorteil kann im Einzelfall durchaus **bis zu 30 Prozent** betragen (So habe ich das z. B. beim Kauf eines Esszimmers erlebt)! Wenig Aussicht auf Erfolg wirst Du bei Büchern, Zeitschriften und Tabakwaren haben, da dort die Preise nach wie vor gebunden sind.

Aber manchmal lohnt es sich sogar, dort zu verhandeln, wo man denkt: *‚Da ist nichts zu machen.'* So habe ich das kürzlich in einem Outlet-Center erlebt. Das sind Verkaufsstellen, in denen Markenprodukte erheblich günstiger als im jeweiligen Fachgeschäft angeboten werden. Die Preise sind dort oft um die Hälfte oder bis zu zwei Drittel reduziert. Man könnte meinen, dass die Preise dort schon so niedrig sind, dass kein Spielraum für Nachlässe mehr vorhanden ist.

Meine Frau war in „Kauflaune“ und wollte in einem solchen Outlet-Laden gleich mehrere Bekleidungsteile erwerben. Die Verkäuferin war sehr freundlich, aber offensichtlich auch sehr geschäftstüchtig. Also probierte ich es, indem ich mit gespielter Entrüstung sagte: *„Oh Gott, das wird ganz schön teuer, aber über den Preis für alles reden wir sicher noch mal am Ende.“* Die Verkäuferin merkte natürlich, wie der Hase lief, und antwortete: *„Ich kann das dann gerne noch mal prüfen.“* Das Ende vom Lied war, dass sie den Preis für mehrere Teile nochmals um insgesamt circa 10 Prozent reduzierte. Und das im eh schon so günstigen Outlet-Center! Das ist war für mich ein schönes Beispiel dafür, dass Preisverhandlungen auch ungeplant, aus der Situation heraus möglich sind, selbst wenn man zunächst denkt, da ist nichts zu machen!

Generell sollte Dein möglicher Preisvorteil und damit Deine mögliche Geldersparnis grundsätzlich immer in Relation zu dem nötigen Vorbereitungs- und Verhandlungs-Aufwand stehen.

Vielleicht ist es hilfreich für Dich, wenn Du Dir ein betragsmäßiges Limit setzst, ab dem Du Zeit in die Vorbereitung und Durchführung von Preisverhandlungen investierst. So könntest Du z. B. eine Grenze von 20 Euro Rabatt pro Einzelkauf festlegen. Wenn Du Dir dann z. B. einen Anzug oder ein Kostüm für ca. zweihundert Euro kaufen möchtest, wäre das - bei einem angestrebten Rabatt von beispielsweise 10 % - eventuell schon ein interessantes Produkt, um einen Preisnachlass anzustreben.

Überlege Dir bitte einmal - am besten mit schriftlicher Unterstützung - welche größeren Käufe Du so in den letzten 12 Monaten getätigt hast. Auf welche Summe kommst Du dann? Stell' Dir vor, Du hättest im Durchschnitt durch gekonntes Verhandeln 5 % dieser Summe gespart. Wie viel weniger Geld hättest Du dann ausgegeben, das Du entweder tatsächlich hättest sparen können (etwa auf einem Sparbuch, durch Kauf von Wertpapieren o.ä.) oder das Dir für andere Kaufwünsche zur Verfügung stehen würde?

STEP 04 Mein Angebot: Zwei Zielvisionen für Preisverhandlungen

Aus der Motivationsforschung weiß man, dass es sehr hilfreich für das Erreichen von Zielen ist, wenn das eigene Handeln von bestimmten Prinzipien oder Visionen geleitet wird.

Wenn man sich eingehend mit den Lebensläufen von erfolgreichen Frauen oder Männern beschäftigt, fällt immer wieder eine Gemeinsamkeit auf: Es sind Menschen, die im tiefsten Innern felsenfest an ihre Vision, ihren Erfolg, glauben. Diese feste innere Überzeugung hilft diesen Menschen auch, unter Umständen extrem lange „Durststrecken" zu überwinden. So wird z. B. von Thomas Alva Edison, dem Erfinder der Glühlampe, berichtet, er habe circa 1000 Experimente benötigt, bis er erfolgreich gewesen sei. Nach jedem gescheiterten Experiment habe er sich gesagt, dass er jetzt wisse, wie es nicht funktioniere.

Für Dein Ziel, beim Einkaufen erfolgreich Preisnachlässe auszuhandeln, biete ich Dir zur Anregung **zwei mögliche Visionen** an:

Vision I

„Als Kundin / Kunde zahle ich den Preis für ein Produkt (eine Dienstleistung), der nach meiner Einschätzung

- **dem objektiven, materiellen Wert und**
- **dem von mir gewünschten sachlichen oder psychologischen Nutzen**

angemessen ist.

Mein Kaufpreis ist maximal (!) der Preis, zu dem das Produkt vom Verkäufer angeboten wird."

Diese Formulierung hat den Vorteil, dass sie bewusst auch die Möglichkeit berücksichtigt, dass Du ein Produkt kaufst, ohne dass Du einen Preisnachlass erhältst oder aushandelst. Dadurch vermeidest Du einerseits, dass Du Dich allzu sehr unter Erfolgsdruck setzst; andererseits machst Du Dir sozusagen kontinuierlich bewusst, dass Preise kein Naturgesetz sind, sondern vom Verkäufer zunächst einmal vorgegeben werden.

Vision II

Beim Verhandeln um den Kaufpreis gelten für mich die folgenden Grundsätze:

- **fair und partnerschaftlich verhandeln**

- **im Bewusstsein verhandeln, dass mein Verhandlungspartner zur Sicherung seiner Existenz einen angemessenen Verkaufserlös erzielen muss.**

Auch diese Formulierung lässt Dir ausreichend Gestaltungsspielraum, soll aber gleichzeitig verhindern, dass Du Dein Anliegen, einen Rabatt auszuhandeln, unter eventueller Missachtung der Person des Verkäufers bzw. seiner berechtigten Interessen überziehst.

Die beiden genannten Visionen sollen Dir helfen, mit festen Grundsätzen in Preisverhandlungen zu gehen. Dadurch wirkst Du auf den Verkäufer überzeugend und authentisch. Er merkt, dass Du weißt, was Du willst, dass Du andererseits aber mit dem Verhandeln um einen Preisnachlass nicht ihn als Person angreifen oder irgendwie schädigen möchtest.

Ich möchte Dich ermutigen, die hier vorgeschlagenen Visionen oder ähnliche, von Dir selbst formulierte, fest in Dir zu „verankern". So werden sie quasi Teil Deiner Persönlichkeit und bilden einen stabilen Untergrund für Deine Entwicklung zum erfolgreichen Preisverhandler.

Auch hier empfehle ich - getreu dem „Prinzip der Schriftlichkeit" -, dass Du Deine Gedanken hierzu **schriftlich** festhältst, damit sie sich noch tiefer einprägen und Du sie regelrecht „verinnerlichst".

STEP 05 Preise sind keine Naturgesetze! Wie Preise kalkuliert werden

Der Preis einer Ware oder Dienstleistung soll zum einen die Kosten (= Selbstkosten) des Verkäufers decken; zum anderen beinhaltet er ein Entgelt für die unternehmerische Leistung und für die Verzinsung des eingesetzten Kapitals (= Gewinn).

Die Selbstkosten des **Verkäufers** und der **Gewinn** bilden den **Basisverkaufspreis**. In der Preisermittlung für einen Artikel, der **Artikelkalkulation**, werden allerdings auch noch weitere Positionen berücksichtigt:

- Umsatzprovisionen (im Einzelhandel z. B. in Form von vierteljährlichen Gutschriften auf die getätigten Einkäufe für Inhaber einer Kundenkarte)
- Kundenskonti

- Kundenrabatte
- die Mehrwertsteuer

Das heißt, in die Verkaufspreise sind in der Regel bereits die eventuellen Nachlässe oder Rabatte eingerechnet! Wenn also ein Händler dem Kunden Skonto, z. B. bei Barzahlung, oder einen Rabatt gewährt, so hat er diesen Nachlass vorher bei der Preisermittlung bereits aufgeschlagen. Kauft nun der Kunde zu dem Preis, mit dem die Ware ausgezeichnet ist, freut sich der Händler natürlich. Jeder Nachlass, den er nicht an den Kunden weitergibt, erhöht ja seine Einnahmen! Du brauchst also beim Handeln um den Preis kein schlechtes Gewissen etwa in dem Sinne zu haben, dass Du den Händler in die Armut treibst. Auch wenn er Dir einen Rabatt gewährt, verdient er immer noch genug! Das gilt selbstverständlich nur für einen Nachlass, der nicht unrealistisch hoch ist. Im Normalfall sind aber 5 - 10 % Rabatt immer drin für Dich, je nach Produkt, z.B. bei Möbeln, Musikinstrumenten oder Autos, auch mehr. Also: nur keine Hemmungen und handele auf Teufel komm' raus ...

Vielleicht hilft es Dir, wenn wir einmal in die Praxis gehen (Du kannst schon mal Deinen Taschenrechner oder einen Stift und Notizpapier zücken):
Nehmen wir an, ein Artikel kostet den Händler im Einkauf **200,00 Euro**. Das ist sein **Einkaufs- bzw. Bezugs-/Einstandspreis** (auf den er übrigens Einfluss hat. Beispielsweise indem er bei seinem Lieferanten Rabatt aushandelt, etwa für den Bezug einer größeren Stückzahl dieses Artikels bzw. indem er noch Lieferantenskonto erhält ...). Angenommen, der Händler berechnet nun auf seinen Einkaufspreis noch einen prozentualen Aufschlag für seine **Verwaltungs- und Vertriebskosten** (einschließlich der Personalkosten) in Höhe von **30 %**. Damit beträgt der **Selbstkostenpreis** des Händlers **260,00 Euro**. Außerdem kommen noch **10 %** für seinen **Gewinn** hinzu. Das ist der **Basis-Verkaufspreis** (= 280,00 Euro). Darauf kommen noch **2 % Skonto** (= 2 % von 280,00 Euro; der sog. **Zielverkaufspreis** beträgt dann 285,60 Euro) und **8 % Kundenrabatt auf den Zielverkaufspreis** (= 22,85 Euro). Es ergibt sich ein **Netto-Listenverkaufspreis** von Euro 308,45. Zum Schluss kommt dann noch die **Mehrwertsteuer** von derzeit **19 %** obendrauf, so dass sich ein **Brutto-Verkaufspreis** von - abgerundet - **Euro 367,00** ergibt.

Wenn Du jetzt den Verkäufer um 10 % Rabatt herunterhandelst, würde das Produkt Dich 330,30 Euro kosten. Der Händler kann Dir, wenn es für ihn entsprechend seiner Kalkulation „null auf null“ aufgehen soll, **maximal 48,45 Euro Nachlass** geben, sonst zahlt er drauf. Allerdings hätte er dann keinen Gewinn gemacht bzw. keine Verzinsung für das von ihm eingesetzte Kapital erhalten. Er würde bei 10 % Nachlass netto 277,56 Euro einnehmen, Du würdest nach Abzug des Preisnachlasses einschließlich Mehrwertsteuer rund 330,30 Euro bezahlen. Der Händler würde weniger einnehmen, aber immer noch einen (etwas geringeren) Gewinn machen, als er mit dem Netto-Listenverkaufspreis kalkuliert hat (Basisverkaufspreis netto: 280,00 Euro; tatsächliche Netto-Einnahme in unserem Beispiel: 277,56 Euro).

Du merkst: Wenn von Prozenten die Rede ist, kommt es immer darauf an, **wovon diese Prozente berechnet** werden! In unserem obigen Beispiel wären die „10" % Skonto + Rabatt, die der Händler einkalkuliert hat, bezogen auf den Ladenpreis von 369,00 Euro eigentlich „nur" rund 7 %! Das heißt, wenn Du ihn um 7 % vom Ladenpreis runterhandelst, kann er das gut verkraften, er erhält dann immer noch etwas mehr als den von ihm kalkulierten Zielverkaufspreis (286,81 netto statt 285,60 netto)!

Bei dem obigen Beispiel war ich mit den Zuschlägen eher bescheiden. Es gibt Branchen, wo deutlich höhere Zuschläge kalkuliert werden (z. B. 100 % auf den Einkaufspreis, wobei die Mehrwertsteuer noch unberücksichtigt ist). Das Problem bei dem Ganzen ist halt, dass Du die genaue Kalkulation des Händlers nicht kennst (und er wird sich hüten, Dir sein Betriebsgeheimnis auf die Nase zu binden!). Du kannst aber unbesorgt davon ausgehen, dass er bei seiner Kalkulation an die Möglichkeit eines Nachlasses gedacht hat. Also ran an die Buletten!

Um es noch einmal klar zu sagen: Im Normalfall hat ein Händler einen möglichen Nachlass an den Kunden bereits in seinen Verkaufspreis einkalkuliert. Wenn Du ihn - natürlich nur in einem bestimmten Rahmen von, je nach Branche, um die 5 - 20 % - runterhandelst, kommt er trotzdem auf seine Kosten und macht auch noch einen angemessenen Gewinn. Du brauchst also beim Runterhandeln des Preises nicht zu befürchten, dass der Verkäufer ab morgen beim Arbeitsamt in der Schlange steht oder dass der Händler in Konkurs geht (Wenn diese Fälle eintreten, sind die Ursachen dafür meistens vielschichtiger).

Natürlich spielen bei der Preisbildung u.a. die Wettbewerbssituation und die Stärke der Nachfrage auch eine wichtige Rolle. So kann es aus geschäftspolitischen Gründen durchaus sinnvoll für einen Verkäufer sein, Preise auch einmal drastisch zu senken, z. B. um Kunden anzulocken und auf sich bzw. sein Angebot aufmerksam zu machen.

STEP 06 So gewinnst Du genaue Vorstellungen über das gewünschte Produkt und Deinen Kaufwunsch

Wie bei jedem wichtigen Gespräch ist eine gute **Vorbereitung auf das Preisgespräch** unerlässlich. Du hast Dir sicherlich schon überlegt, was Du kaufen willst, z. B. einen neuen Kühlschrank, einen Drucker, ein Kleid, einen Anzug ... Ganz gleich, um welchen Kaufgegenstand es sich handelt, Du hast wahrscheinlich konkrete Vorstellungen über

- die **Qualität** oder die **Ausstattung** des Artikels
- die Art der **Zusatzleistungen**, auf die Du Wert legst (z.B. Service, Lieferfrist)
- und natürlich, **wie viel Du maximal für das gewünschte Produkt bezahlen möchtest**.

Vielleicht fallen Dir ja noch weitere wichtige Auswahlkriterien ein?

Bitte überlege Dir jetzt einmal ganz gezielt diese Punkte, bezogen auf Dein Wunschprodukt. Mach' das - wie immer - am besten **schriftlich**. Ich weiß, nicht jeder Mensch schreibt gerne. Das Aufschreiben soll hier ein Hilfsmittel sein, Dich möglichst intensiv mit Deinem Kaufwunsch zu beschäftigen. Dadurch sollst Du noch klarere Vorstellungen darüber bekommen, was genau Dir an dem gewünschten Produkt wichtig ist. Das ist viel intensiver und auch verbindlicher, als eine wichtige Angelegenheit nur in Gedanken durchzuspielen.
Menschen sind allerdings - Gott sei Dank - nicht alle gleich. Es gibt z.B. Unterschiede darin, welche Sinne jemand bevorzugt: Manche Menschen bevorzugen das **Sehen**, andere das **Hören**, wieder andere das **Berühren**, **Riechen** oder **Schmecken**. Demnach kann man Personen danach unterteilen, ob sie in erster Linie **visuelle** (= Sehen), **auditive** (= Hören), **kinästhetische** (= Berühren), **olfaktorische** (= Riechen) oder **gustatorische** (= Schmecken) Reize bevorzugen bzw. bevorzugt wahrnehmen. Vielleicht ist es für Dich wichtiger, mit jemandem, z.B. einem Bekannten oder einer Freundin, über Deinen Kaufwunsch und darüber, auf was es Dir dabei ankommt (Qualität, Service, maximaler Preis ...), zu reden?
Oder probier' doch einfach einmal folgendes: Zieh' Dich für ein paar Minuten in eine ruhige Ecke zurück und sprich' einmal alles, was Dir zu Deinem geplanten Kauf einfällt, laut aus. Auch das wird Dir helfen, Dir Deine Überlegungen noch bewusster zu machen und noch besser für Dich zu klären, was genau (Qualität, Service, maximaler Preis ...) Dir bei dem gewünschten Produkt, das Du kaufen willst, wichtig ist.

STEP 07 Wie Du die möglichen Einkaufsquellen herausfindest

Während meines Betriebswirtschaftslehrestudiums machte ich mir teilweise recht kritische Gedanken über das kapitalistisch-marktwirtschaftliche System. Eine meiner Überlegungen war, dass die marktwirtschaftliche Theorie ja ganz einleuchtend war; aber die Praxis, gerade im Bereich der Preisfindung, sah doch ganz anders aus. Ich hatte schon damals, in den siebziger Jahren, die Idee, eine **Preisagentur** zu gründen. Diese Preisagentur sollte möglichst umfassend regional oder überregional die Preise für Produkte ermitteln, damit der Kunde eine echte Vergleichsbasis und damit auch Alternativen hatte. Nur dadurch wäre ja eine wesentliche Vorbedingung der betriebswirtschaftlichen Preistheorie, nämlich die **Markttransparenz**, also die Durchschaubarkeit des Marktes hinsichtlich der Preise, gewährleistet. Heute, Jahrzehnte später, gibt es Unternehmen, die sich mit großem Erfolg auf diese Dienstleistung spezialisiert haben, z. B. www.billiger.de oder www.preisauskunft.de. Das Internet ist für die Ermittlung von Preisen eine ausgezeichnete Plattform, insbesondere, wenn man online bestellen möchte.

Wenn Du also den günstigsten **Angebotspreis** für ein Produkt Deiner Wahl feststellen willst, könntest Du zum einen im **Internet** z. B. unter dem Suchwort '**Preisagenturen**' nachforschen. Darüber hinaus kennst Du sicherlich auch andere Möglichkeiten des Preisvergleichs: Von **Versandhauskatalogen** über die **Printwerbung**, die ja fast täglich ins Haus flattert, bis hin zu eigenen **Recherchen in Geschäften** und **Informationen durch Freunde und Bekannte**. Vielleicht fallen Dir noch weitere Möglichkeiten ein?

Für eine erste Einschätzung des Verhandlungsspielraumes beim Preis ist es hilfreich, eine Übersicht über die **Preisvorstellungen unterschiedlicher Anbieter**, z. B. das Geschäft um die Ecke, Kaufhäuser oder Versandhäuser, zu haben. Geh' doch einfach einmal in ein Geschäft, das Dein Wunschprodukt führt, und schau Dir den Preis an. Sammele auch Werbung, Anzeigen usw. zu den Produkten, die Dich interessieren und besorge Dir den einen oder anderen Katalog. Sprich auch mit Freunden oder Bekannten über Deine Kaufabsicht, häufig bekommst Du dadurch auch wertvolle Tipps über gute Einkaufsmöglichkeiten.

Am schnellsten bekommst Du Vergleichspreise natürlich über das Internet. Falls Du keinen Internetzugang hast, besorge Dir ein paar Versandhauskataloge, z. B. von Otto usw.. Dort findest Du, sogar mit Stichwortverzeichnis, eine umfängliche Zusammenstellung der gängigsten Produkte mit Abbildungen und detaillierten Informationen. Vor allem findest Du dort natürlich auch Preisangaben!

Gratulation! Du bist auf dem Weg zum erfolgreichen Preisverhandler schon ein gutes Stück vorangekommen!

STEP 08 Eine erste Praxisübung: Unvorbereitet ein Produktinformationsgespräch bei einem Händler führen

Mein Buch soll Dich in erster Linie auf **persönliche Verkaufsgespräche** vorbereiten, wobei das Gelernte natürlich auch für telefonische oder schriftliche Preisverhandlungen (z.B. per E-Mail) genutzt werden kann.

Jetzt habe ich daher eine erste ganz konkrete **praktische Aufgabe** für Dich:

Bitte suche ein Geschäft Deiner Wahl auf. Sprich dort einen Verkäufer (oder eine Verkäuferin) an und lass Dich umfassend über ein Produkt informieren, mit dem Du Dich noch nicht näher beschäftigt hast. Frage auch nach dem Preis. Anschließend bedankst Du Dich bei dem Verkäufer und verabschiedest Dich, ohne etwas zu kaufen.

Ein **Beispiel**:

Du interessierst Dich für ein Handy, hast aber noch keine genauen Vorstellungen über die Funktion und die Einsatzmöglichkeiten dieses Produktes. Du bittest also bei einem Händler, z. B. einem T-Punkt, um nähere Informationen über Handys und lässt Dir alles genau erklären. Frage auch nach dem Preis. Dann bedankst Du Dich bei dem Verkäufer und verabschiedest Dich freundlich, ohne etwas zu kaufen.

Mit dieser Übung beabsichtige ich zweierlei: Zum einen sollst Du - ohne Preisverhandlungsdruck - zunächst einmal in einer realitätsnahen Situation ein „kaufnahes“ Gespräch führen. Weiterhin sollst Du die Erfahrung machen, dass es keine Katastrophe ist, wenn Du Interesse an einem Produkt zeigst, aber dann, ohne zu kaufen, den Laden wieder verlässt.

Viele Menschen denken, wenn sie einen Verkäufer mit ihren Fragen „belästigen", es sei unhöflich, das Geschäft anschließend ohne Kauf zu verlassen. Sie fühlen sich förmlich verpflichtet, dann auch etwas zu kaufen. Ich kann Dich aber beruhigen: Für einen Verkäufer gehört es zum beruflichen Alltag, dass Kunden nicht kaufen. Natürlich ist es ihm lieber, wenn er ein Geschäft abschließt. Aber gute Verkäufer sind nicht unbedingt auf „den schnellen Euro" aus und sehen das Verkaufsgespräch als Chance zum Einstieg in eine - möglichst langfristige - gute Beziehung zum Kunden. Von daher nehmen sie es Kunden auch nicht „krumm", wenn diese nach dem Produktinformationsgespräch noch Bedenkzeit brauchen.

STEP 09 Wie Du neues, ungewohntes Verhalten selbst belohnen und selbst verstärken kannst

Wir Menschen sind im Grunde genommen relativ einfach „gestrickt": Wir lieben das Angenehme und meiden das Unangenehme. Das Problem ist nur, dass wir manchmal, um ein begehrtes Ziel zu erreichen, unseren „inneren Schweinehund" überwinden müssen. Falls Du also bei Dir eine Tendenz verspürst, Gesprächen mit Verkäufern auszuweichen, möchte ich Dich einladen, dieses Vermeidungsverhalten abzubauen. Dazu hat es sich als sehr hilfreich erwiesen, ungewohntes, zunächst eher unangenehmes Verhalten zu überwinden und das neue, zielführende Verhalten anschließend durch nachfolgende positive, angenehme Folgen zu verstärken.

Manche Menschen haben aufgrund ungünstiger Erfahrungen in der Vergangenheit Schwierigkeiten mit bestimmten sozialen Situationen. Das Ansprechen fremder Personen, z. B. wie in Step 8 verlangt, kann eine solche Situation sein. Das Vertrackte bei solchen Hemmungen oder Ängsten ist, dass man sie durch Vermeiden der unangenehmen Situation vermindern kann, so dass sich eine Art Pseudoerfolg einstellt: Da ich die angsterregende Situation vermeide, habe ich auch keine Angst mehr. Das Problem hierbei ist nur, dass sich dadurch mein Lebens- und Aktionsradius sehr einengen kann. In extremen Fällen kann dies - wie bei einer psychischen Störung, einer sogenannten Phobie - bis zum totalen Rückzug von Kontakten mit anderen Menschen führen.
Ich hoffe natürlich, dass Du dieses Problem nicht hast. Solltest Du allerdings bei der Übung aus Step 8 unangenehme Gefühle oder Hemmungen verspürt haben, so ist es ganz wichtig, dass Du folgendes beachtest:

Wir Menschen lernen u.a. durch die Folgen unseres Verhaltens. Wenn unser Verhalten angenehme, positive Konsequenzen hat, wird dieses Verhalten belohnt und verstärkt. Ein solches Verhalten wird wahrscheinlich in Zukunft häufiger auftreten. Für unangenehme, negative Konsequenzen ist es umgekehrt: Das vorangehende Verhalten wird bestraft. Ein Verhalten, das negative Folgen hatte, wird zukünftig eher nicht mehr auftreten, es wird also „gelöscht".
Dieses **Lerngesetz** kannst Du natürlich für die Erreichung Deiner Ziele nutzen. Wenn Du also trotz unangenehmer Gefühle oder Hemmungen das verlangte Produktinformationsgespräch (s. Step 8) geführt hast, solltest Du Dich möglichst zeitnah dafür belohnen. Als Belohnung - auch Verstärker genannt - kommt grundsätzlich alles in Frage, was Dir Freude bereitet, Dir Spaß macht oder was ein Genuss für Dich ist. Das muss nichts Teueres oder Aufwendiges sein. Unter Umständen reicht es schon aus, wenn Du Dir nach einem solchen Gespräch ein Eis kaufst oder Dir einen Film ansiehst, den Du schon lange sehen wolltest. Hauptsache, das nachfolgende belohnende Verhalten ist angenehm für Dich.

Am besten stellst Du einmal eine **Liste Deiner „Verstärker"** zusammen mit allem, was Du gerne tust, was Dir Freude oder Spaß bereitet bzw. was Dir gut tut. Wie gesagt, hier zählen auch „Kleinigkeiten", wie z.B. ein entspannendes Bad oder ein Spaziergang in einer schönen Umgebung.

Es geht darum, das Verhalten, das eventuell neu, ungewohnt oder sogar unangenehm für Dich ist, abzubauen und neues, zielführendes Verhalten systematisch zu verstärken und aufzubauen. Dafür ist es sehr hilfreich, wenn Du Dich selbst nach einer ungewohnten oder schwierigen Situation, die Du bewältigt hast, belohnst.

Ich möchte Dich nochmals bitten, Dir einmal ein paar Minuten Zeit zu nehmen und zu überlegen, welche Belohnungen und „Verstärker" für Dich in Frage kommen (und Deine positiven „Verstärker" aufzuschreiben!). Versuch' es einfach einmal, Du wirst sehen, es klappt.

Danke für Deine gute Kooperation!

STEP 10 Günstige (positive) und ungünstige (negative) Gedanken vor schwierigen Situationen

Im vorhergehenden Step habe ich das Problem angesprochen, dass manche Menschen aufgrund ungünstiger Erfahrungen in der Vergangenheit Schwierigkeiten mit bestimmten sozialen Situationen haben. Dabei spielt **die Art, wie wir über eine Situation denken**, eine ganz entscheidende Rolle.

Hierzu ein **Beispiel**:

Angenommen, ein Mann möchte in einer Diskothek eine Frau zum Tanzen auffordern. Je nachdem, was in ihm vorgeht, bevor er die Frau anspricht, sind zwei mögliche Abläufe vorstellbar:

Wenn er negativ denkt:	**Wenn er positiv denkt:**
⇩ *„Die hat bestimmt keine Lust, gerade mit mir zu tanzen."*	⇩ *„Die Frau gefällt mir. Ich sag' ihr einfach mal, dass ich gerne mit ihr tanzen würde."*
⇩ **Bei dem Gedanken hat er bestimmt ein ungutes Gefühl, z. B. Angst vor Ablehnung oder sich zu blamieren!**	⇩ **Er hat ein positives Gefühl, ist zuversichtlich und hat den Mut, die Frau anzusprechen.**
⇩ **Er wird das Ansprechen eher vermeiden ...**	⇩ **Er geht zu der Frau hin und spricht sie einfach an ...**

Jeder Handlung geht normalerweise, bevor wir sie ausführen, die Vorwegnahme der Handlung in Gedanken oder in der Vorstellung voraus. Das heißt aber auch, dass diese Gedanken oder Vorstellungen ganz entscheidend mein nachfolgendes tatsächliches Verhalten beeinflussen.

Auf allen Ebenen des obigen Beispiels gibt es die Möglichkeit, von dem unerwünschten Handlungsablauf in der linken Spalte auf den erwünschten Ablauf in der rechten Spalte überzuwechseln. Am besten wäre es natürlich, wenn der Mann in unserem Beispiel von Anfang an positive, zielführende Gedanken hätte.

Im Grunde genommen ist das mit dem Einfluss des Denkens auf das Verhalten eigentlich banal. Abgesehen von reflexhaftem oder instinktgesteuertem Verhalten, denken wir Menschen uns eigentlich immer etwas vor, während und nach unserem Tun. Stell' Dir vor, Du willst verreisen. Bevor Du im Zug oder im Flieger sitzt, hast Du Deine Reise in Gedanken vorgeplant, hast Dir überlegt, wann Deine Reise mit welchem Verkehrsmittel beginnen soll. Ohne gedankliche Vorüberlegungen könnte die Reise gar nicht stattfinden.

Mir geht es bei diesem Step darum, Dir die Bedeutung der **Qualität Deiner Gedanken zu einer bestimmten Situation** bewusst zu machen und Dir zu verdeutlichen, dass Du darauf aktiv Einfluss nehmen kannst. Je nachdem, ob Deine Gedanken positiv oder negativ „gefärbt" sind, wird sich auch Dein Verhalten verändern.

Versuch' es einfach einmal mit einer **Formel**, die Du Dir einprägst:

Mein Denken bestimmt mein Verhalten.

Beobachte Dich im Alltag, wann Du welche Gedanken hast und wie Dich Dein Denken vor einem Verhalten, das Du ausführen willst, beeinflusst.

Ein weiteres **Beispiel**:

Du bist hungrig, Dein Magen knurrt. Du überlegst Dir, was Du gerne essen möchtest. *'Ist da im Kühlschrank nicht noch dieser leckere französische Käse, den ich vorgestern gekauft habe? Mmh, und dazu das knusprige Brot, das ich heute morgen beim Bäcker geholt habe! Dazu könnte ich ein Glas Milch trinken. Oder lieber ein Glas Rotwein? Nee, morgens doch noch keinen Alkohol! Also lieber Milch.'*

Du stehst auf, gehst zum Kühlschrank und befriedigst Deine Gelüste ...

Du siehst: **Zuerst die Gedanken, dann das Verhalten**!

STEP 11 Die konkrete Auswahl des Händlers, bei dem Du das gewünschte Produkt kaufen möchtest

Am Anfang des Coachings habe ich Dir einiges an Theorie zugemutet. Jetzt nähern wir uns zunehmend praktischen Übungen und Aufgaben. Dieser Step der konkreten Auswahl eines Geschäftes soll die nächste praktische Aufgabe vorbereiten. Als relativ wenig aufwändigen, einfachen Step möchte ich Dir mit Step 11 eine Art Verschnaufpause auf Deinem Weg zur erfolgreichen Preisverhandlerin / zum erfolgreichen Preisverhandler anbieten.

Jetzt habe ich eine einfache **praktische Aufgabe** für Dich: Du möchtest Dir ein bestimmtes Produkt kaufen, bei dem das Aushandeln eines Preisnachlasses für Dich interessant wäre. Du überlegst Dir, in welchem Geschäft Du diesen Artikel bekommst. (Die möglichen Einkaufs- bzw. Preisinformations-Quellen haben wir ja schon im 7. Step behandelt). Gut wäre es, wenn Du Dir bei der Gelegenheit noch wenigstens eine Alternative aussuchst, also: Händler A und Händler B.

Als nächstes überlegst Du Dir, wann Du eines dieser Geschäfte aufsuchen möchtest. Wie sehen Deine zeitlichen Möglichkeiten aus? Zu welchen Zeiten an welchen Tagen hat das Geschäft bzw. haben die Geschäfte geöffnet?

Als nächsten Schritt sollst Du einen Händler, der das von Dir gewünschte Produkt führt, aufsuchen. Dieses vorhergehende Step soll diesen nächsten Schritt vorbereiten. Er ist nicht besonders aufwändig, und ich will Dir damit nach der vielen Theorie der ersten Steps und weil Du so tapfer durchgehalten hast einfach eine kleine Verschnaufpause anbieten.

STEP 12 So führst Du ein gut vorbereitetes Produktinformationsgespräch beim Händler

Ich gehe davon aus, dass Du in naher Zukunft in einem Geschäft etwas kaufen möchtest, bei dem ein Preisnachlass für Dich interessant wäre. In Step 7 und Step 8 hast Du Dir genaue Vorstellungen über das gewünschte Produkt und Deinen Kaufwunsch sowie über die möglichen Einkaufsquellen gemacht. Im vorhergehenden Step 11 hast Du Händler ausgewählt, bei denen Du den gewünschten Artikel kaufen könntest.

Bitte überlege Dir jetzt noch einmal ganz konkret, was genau die von Dir gewünschten **Eigenschaften und Kennzeichen des Produktes** sein sollen. Produktinformationen bekommst Du z.B. in **Testberichten**, etwa bei der Stiftung Warentest.

Am besten **schreibst Du Dir die wichtigsten Punkte Deines Anforderungsprofils auf**.

Ein **Beispiel**:

Du möchtest Dir einen schicken neuen **Plasma-Fernseher** zulegen. Er soll **nicht zu groß** sein (maximale **Breite** ?; **Höhe** ?; **Tiefe** ?). Die **Farbe des Gehäuses** kann schwarz sein; aber auch andere Farben, z. B. grau metallic, kämen in Frage. Infolge Deiner Vorinformationen weißt Du auch, welche besonderen **technischen Merkmale** der Fernseher aufweisen sollte (z. B. Kabelanschlussmöglichkeit, Strahlungssicherheit der Bildröhre, USB-Anschluss usw.). Der **Preis** darf höchstens 750,00 Euro betragen (das ist **Dein vorher festgelegtes Budget** für den neuen Fernseher!). Durch Deine Recherchen hast Du festgestellt, dass z.B. der „Händler Glotz“ TV-Geräte im Angebot hat, die grundsätzlich Deinen Vorstellungen entsprechen. Du machst Dich also auf den Weg zu ihm, um sein Angebot näher zu studieren. Im Geschäft angekommen, sprichst Du einen Verkäufer oder eine Verkäuferin an mit der Bitte, Dir einmal einige TV-Geräte zu zeigen. Je nachdem, was der Verkäufer Dir nun an Informationen gibt, fragst Du genau nach, und zwar so lange, bis Du weißt, welches Gerät am besten Deinen Vorstellungen entspricht. Anschließend bedankst Du Dich für das Beratungsgespräch, sinngemäß etwa so: *„Danke für die interessanten Informationen, Herr / Frau .... Ich weiß jetzt, was am ehesten für mich in Frage kommt. Bevor ich mich entscheide, möchte ich noch einmal darüber nachdenken.“*

Der Verkäufer wird natürlich Dein ernsthaftes Interesse bemerkt haben und seine ganze Verkaufskunst mobilisieren, um das Geschäft mit Dir abzuschließen. Darauf lässt Du Dich heute aber nicht ein - es sei denn, Du würdest das Geschäft Deines Lebens machen - und verlässt das Geschäft, ohne zu kaufen.

Unmittelbar danach belohnst Du Dich mit etwas aus Deiner Verstärkerliste; denn das war gar nicht so einfach, zum Schluss gegenüber einem so bemühten und freundlichen Verkäufer einfach nein zu sagen ...

Achte bei der Vorbereitung auf diese Aufgabe bitte darauf, welche Gedanken und Vorstellungen Dir dabei einfallen. Sind es eher **günstige Gedanken**, z.B.: *'Das wird bestimmt ein interessantes Gespräch mit dem Verkäufer'*? Oder machst Du Dir eher **ungünstige Gedanken** in Vorbereitung auf das Informationsgespräch beim Händler, etwa: *'Der Verkäufer ist bestimmt sauer, wenn ich ihn so lange beanspruche und danach, ohne etwas zu kaufen, gehe'?*
Bereite Dich also schon in Gedanken auf dieses Gespräch vor. **Es ist Dein gutes Recht, Dich vor dem Kauf eines hochwertigen Artikels intensiv zu informieren!**

Welche Gedanken bzw. Vorstellungen wären günstig? Nimm Dir ein paar Minuten Zeit, ziehe Dich in eine ruhige Ecke zurück und schreibe diese **positiven, günstigen Gedanken** auf. Während dieser Phase des intensiven Überlegens kann es zur Anregung Deines Gedankenflusses hilfreich sein, leise **Hintergrundmusik** zu hören. Gut bewährt hat sich dabei **Barockmusik**, z. B. **Vivaldi** oder der *Pachelbel Kanon*, oder - wenn Du mehr auf modernere Klänge stehst - z. B. Musik von **Kitaro**, insbesondere *Silkroad*, oder sonstige **Entspannungsmusik** bzw. Musik zum „Chillen". Die Musik sollte auf jeden Fall nicht einschläfernd sondern **sanft stimulierend und anregend** sein.

Bevor Du so viel Geld für ein Produkt ausgibst, ist es **Dein gutes Recht**, Dich intensiv über das Produkt, seinen Preis und eventuelle Zusatzleistungen des Händlers zu informieren. Wenn Du also die Zeit eines Verkäufers für ein ausführliches Informationsgespräch beanspruchst, dann ist das vollkommen o.k.! **Der Verkäufer ist dazu da, Dich zu beraten** (Der modernere Ausdruck für „Verkäufer" ist ja „Kundenberater". Diese Bezeichnung stellt ausdrücklich die Hauptaufgabe eines Verkäufers heraus! Dahinter steht die - berechtigte - Überlegung, dass **nur ein Kunde, der seinem Bedarf und seinen Wünschen entsprechend beraten wird, nach dem Kauf des Produktes auch ein zufriedener Kunde** sein wird. Eine gute Beratung des Kunden durch den Verkäufer ist also ein Qualitätskriterium, und seriöse, kundenorientierte Händler legen hierauf großen Wert! So kann ein Händler zufriedene Stammkunden gewinnen).

STEP 13 Die „Preispsychologie" der Verkäufer

Egal, ob wir sie Vertreter, Akquisiteure, Verkaufsförderer, Verkäufer oder Kundenberater nennen: Immer haben diese Menschen sich der schwierigen Aufgabe verschrieben, Andere zu beeinflussen, ihnen etwas zu verkaufen. Verkaufen ist eine Wissenschaft und eine Kunst. Jeder Kunde ist anders. Der Eine reagiert eher auf einen saloppen, der Andere eher auf den herzlichen Ton. Der Eine will betont freundlich, der Andere distanziert behandelt werden. Manche Kunden mögen lockeres bis nassforsches Auftreten eines Verkäufers, andere erwarten von einem Verkäufer Zurückhaltung.

Eine **Hauptaufgabe des Verkäufers** ist es, den **Kontakt zum Kunden** herzustellen und diesen Kontakt idealerweise auch zu erhalten und zu vertiefen. Normalerweise wünscht sich auch der Kunde ein konstruktives, gutes Verhältnis zum Verkäufer, das ihm das sichere Gefühl vermittelt, ein qualitativ angemessenes und preislich ausgewogenes Produkt zu erhalten.

Das **Hauptziel des Verkäufers** bleibt allerdings, einen **Auftrag vom Kunden** zu erhalten. Dabei soll er dem Kunden das verkaufen, was dieser wirklich benötigt. Eine solchermaßen gute Beratung des Kunden ist die beste Voraussetzung, um zufriedene Dauerkunden zu gewinnen.

Verkaufen heißt, durch Worte bzw. Sachargumente zu überzeugen. Ein guter Verkäufer weiß, dass das **Verkaufsgespräch** einer klaren **Richtschnur** zu folgen hat. Viele Verkäufer orientieren sich bei der Gliederung und dem Ablauf des Verkaufsgespräches an der sogenannten **AIDA-Formel**:

- **A** = **A**ufmerksamkeit wecken
- **I** = **I**nteresse schaffen
- **D** = **D**en Wunsch nach Besitz und Kauf anheizen
- **A** = **A**bschluss bzw. Auftrag

In erster Linie versucht der Verkäufer, **zu Beginn** des Verkaufsgespräches eine **positive, verkaufsfördernde Stimmung** zu erzeugen. Im Idealfall wird er Dich mit ein paar **anerkennenden Worten** begrüßen. Beim eigentlichen Verkaufsgespräch sind Deine **Einwände** ein ganz wichtiger Punkt (Dabei darf für einen Verkäufer natürlich nicht das Motto des Schriftstellers Mark Twain gelten, der gesagt haben soll: *„Wir schätzen Menschen, die frisch und offen ihre Meinung sagen - vorausgesetzt, sie meinen dasselbe wie wir“*).

Der Verkäufer wird Deine **Einwände** als **Hinweis auf Interesse** betrachten und dementsprechend Deine negativen oder kritischen Aussagen zum Produkt ernst nehmen. Für einen guten Verkäufer ist das **„Nein“ des Kunden** der **Beginn des eigentlichen Verkaufsaktes**. Das höchste Ziel seiner Verkaufskunst ist es, **Deine Ablehnung in ein „Ja“ umzuwandeln**. Er wird möglicherweise Dein „Nein“ überhören oder es scheinbar akzeptieren, um dann, wenn Du bereits dem Ausgang zustrebst, nochmals zu versuchen, das Blatt zu wenden.
Wenn Du als Kunde gegen den Preis zu Felde ziehst, kann das aus Sicht des Verkäufers drei Gründe haben:

- Du glaubst, der **Preis** ist **zu hoch**
- Du hast ein **preisgünstigeres Angebot** vorliegen
- Du bist in Wirklichkeit gar **nicht interessiert** an dem Angebot oder an der Fortsetzung des Gespräches.

Der Verkäufer ist professionell darin geschult, keine ‘Preisangst’ zu zeigen. Er wird deshalb den **Preis ohne zu zögern mit klarer, fester Stimme** nennen und **Dir** dabei **in die Augen blicken**. Er wird den Preis von sich aus auch erst nennen, wenn er den Eindruck hat, dass Du als Kunde weitgehend von dem Produkt überzeugt bist.
Nach der Preisnennung wird er **keine Pause** machen, um Dir nicht Gelegenheit zum Widerspruch zu geben, sondern er wird einige wenige, besonders **stichhaltige Argumente** bringen, die die Vorteile des Produktes und damit die Berechtigung des Preises nochmals untermauern. Häufig wird er **besondere Leistungen des Produktes** hervorheben oder das Produkt **mit einem besonders teuren vergleichen**, um dann zu betonen, wie günstig sein Angebot ist. Er wird den Preis nur dann hochspielen, wenn er es wirklich verdient, im Mittelpunkt zu stehen; d. h., wenn er besonders niedrig ist. Ansonsten argumentiert der Verkäufer **in erster Linie** zugunsten der **Qualitätsmerkmale** des Produktes, seines Wertes und des **hervorragenden Kundendienstes**.
Du siehst, Du hast es im Regelfalle mit einem Profi zu tun. Deine Entscheidung, dieses Buch durchzuarbeiten, war also auf jeden Fall richtig; denn nur so hast Du ja die Chance, eine Art ‘Waffengleichheit’ herzustellen ...

Beliebte **Verkaufstricks** sind auch die folgenden:

- Auf den Mechanismus **„Was teuer ist, ist gut"** setzen. So berichtet der amerikanische Sozialpsychologe *Robert B. Cialdini* von einer Freundin, die hochwertige Edelsteine günstig verkaufen wollte. Trotz massiven Anpreisens ging die Ware einfach nicht weg. Durch ein Versehen verdoppelte eine Mitarbeiterin den Preis für die Steine, und sie gingen weg wie warme Semmeln!

- Auf das **Reziprozitätsprinzip** setzen: Dieses Prinzip schreibt uns (unbewusst!) vor, dass wir uns für Gefälligkeiten, Geschenke, Einladungen usw. zu revanchieren haben (*Wie Du mir, so ich Dir ...*). Im Verkauf wird diese Regel gerne genutzt, indem man uns als potenziellen Kunden zunächst etwas kostenlos zukommen lässt, z.B. Gratisproben, einen Espresso oder ein Gläschen Sekt, in der Erwartung, dass wir dann unter Zugzwang kommen und uns idealerweise mit einem Kauf „revanchieren" ...

- Die (angebliche) **Verknappung des Angebots** (*„Leider ist das unser letztes Exemplar" oder: „Verkauf solange der Vorrat reicht"....")*. Motto: Wenn Du jetzt nicht zugreifst, hast Du später keine Chance mehr, das Produkt zu bekommen! Hier begegnest Du möglicherweise einem unserer größten Feinde als Menschen: der **Gier**, die in unseren uralten Instinkten wurzelt. Aus Angst, die Vorräte reichen nicht aus, kauft so mancher etwas, was er nicht unbedingt benötigt. In die ähnliche Richtung geht es, wenn (u. U. nur theoretische) **Originalpreise durchgestrichen** sind oder ein besonders günstiger Preis mit einem **roten Preisschild** suggeriert wird.

- Die **soziale Bewährtheit des Produktes** : *„Über eine Million zufriedene Kunden!"* (Und Du unverschämter Mensch willst an dem Produkt herummäkeln!!?). Nach diesem Prinzip funktionieren z. B. Bestsellerlisten oder Musikcharts. Oder auch der *„Gefällt mir"*-Button bei Facebook und dergleichen. Sei übrigens aber vorsichtig damit, - z. B. im Internet - allzu viele private oder persönliche Informationen von Dir preiszugeben. Sie werden garantiert dazu genutzt, Dich in Zukunft noch besser mit auf Deine Person zugeschneiderten Verkaufstechniken „auszutricksen" ...

- Das **Erzeugen von Sympathie**: Von einem Freund kaufst Du eher etwas als von einem anonymen Fremden. Diese Erkenntnis machen sich Verkäufer zunutze, die auf den Verkauf in Netzwerken (Bekannte, Freunde) setzen. Ein klassisches Beispiel sind die *Tupperpartys*, also der Verkauf von luftdicht verschließbaren Behältern für Lebensmittel (Tupperware) in einer geselligen, privaten Runde von Bekannten. In die gleiche Richtung geht, wenn der Verkäufer / die Verkäuferin betont, dass er bzw. sie das Produkt selbst besitzt und damit gute Erfahrungen gemacht hat (was ja durchaus zutreffen kann ...).

- Die **Macht von Autoritäten, „Promis" oder Experten**. Deswegen sieht man in der Werbung häufig Prominente, die angeblich das Produkt, für dessen Verkaufsförderung sie fürstlich bezahlt werden, so sehr schätzen. Im Verkaufsgespräch wird auch häufig **Kleidung als Autoritäts- bzw. Seriositätssymbol** eingesetzt. Man denke daran, dass z. B. bestimmte Finanzdienstleister betont korrekt auftreten (dunkelblauer Anzug, dezente Krawatte etc.). Das soll ihre Seriosität und Kompetenz unterstreichen. In diesem Zusammenhang fällt mir das Beispiel eines Freundes bezüglich sog. **IGEL-Leistungen** ein. Das sind individuelle Gesundheitsleistungen eines Arztes, die von der Krankenkasse nicht übernommen werden, sondern vom Patienten selbst bezahlt werden müssen. Mein Freund war bei einem Chirurgen (!) in ärztlicher Behandlung. Der geschäftstüchtige Arzt schlug ihm im Verlauf der Behandlung vor, zur Stabilisierung der Gesundheit und zur Prävention regelmäßig bestimmte Nahrungsergänzungsmittel einzunehmen. Dies mache er auch selbst mit sehr gutem Erfolg. Wie zufällig konnte man diese nicht ganz billigen Produkte bei ihm in der Praxis erwerben. In einer solchen Situation, bei der man sich als leidender Patient gegenüber dem Arzt quasi in einer Abhängigkeitsposition befindet, das Angebot abzulehnen, erfordert natürlich eine ausgesprochene Selbstbehauptungsfähigkeit, über die man als kranker Mensch in dem Moment nicht unbedingt verfügt. Andererseits: Im sog. hippokratischen Eid, den Ärzte schwören, ist zwar festgelegt, dass sich ein Arzt in seinen ärztlichen Pflichten den Patienten gegenüber nicht beeinflussen lassen darf durch Alter, Krankheit oder Behinderung, Konfession, ethnische Herkunft, Geschlecht, Staatsangehörigkeit, politische Zugehörigkeit, Rasse, sexuelle Orientierung oder soziale Stellung. Dass er seinen finanziellen Gewinn nicht mehren darf, ist dort aber nicht aufgeführt ... ☺

Solche **Manipulationsversuche** solltest Du Dir bewusst machen und Dich dagegen wehren, quasi automatisch darauf zu reagieren. Nur dann handelst Du als „mündiger Verbraucher".

Normalerweise kannst Du davon ausgehen, dass Verkäufer als professionelle Angestellte eines seriösen Händlers ein Eigeninteresse daran haben, Dich als Kunden gut zu beraten und Dich als zufriedenen Kunden zu gewinnen, der das Geschäft gerne weiterempfiehlt.

Das soll Dich aber nicht daran hindern, den Preis eines Produktes zunächst einmal nur als ungefähren Hinweis auf seinen tatsächlichen Wert zu betrachten.

Wie gesagt:

Preise sind kein Naturgesetz, sondern von Menschen kalkuliert.

Falls Du den Eindruck gewinnst, dass ein Verkäufer versucht, Dich mit unfairen Methoden zur Kaufentscheidung zu drängen, ist höchste Achtsamkeit angezeigt.

STEP 14 Die Preisverteidigungsstrategien der Verkäufer

Du kannst Dir vorstellen, dass ein Verkäufer bzw. sein Chef nicht besonders gerne mit dem Preis herunter geht. Du musst also damit rechnen, dass Dein Gesprächspartner zunächst einmal versuchen wird, den bereits genannten Kaufpreis zu verteidigen. Deshalb möchte ich Dich mit den möglichen Abwehrstrategien der Verkäufer vertraut machen:

- *„Die **Geschäftsführung hat angeordnet**, dass Preisnachlässe nicht möglich sind."* Manche Verkäufer verschanzen sich gerne hinter dem Chef nach dem Motto: *'Ich würde ja gerne, aber ...'*. **Deine Gegenstrategie**: Du kannst nur mit jemandem über die Höhe des Kaufpreises verhandeln, der auch die entsprechende Verhandlungsberechtigung hat. Falls das bei dem Verkäufer, der Dich berät, nicht der Fall ist, solltest Du beharrlich bleiben und seinen Vorgesetzten oder ggf. den Geschäftsführer verlangen.

- Deine **Argumente werden hinterfragt**: Wenn Du z. B. damit argumentierst, dass ein Bekannter Prozente bekommen hat, könnte der Verkäufer genau nachfragen: Wann? Bei welchem Kollegen? Falls Du da nicht sattelfest bist, setzt der Verkäufer darauf, dass Du auf Deine Rabattforderung verzichtest. **Deine Gegenstrategie**: Das Argument solltest Du nur ins Feld führen, wenn Du es wirklich konkretisieren kannst.

- Ein Preisnachlass wird abgelehnt. Stattdessen wird Dir eine **Zugabe** (Natural-Rabatt) angeboten, z. B. eine Patrone zum Drucker. **Deine Reaktion**: Sei kritisch bezüglich des Wertes der Zugabe, und lass' Dich nicht mit billigen Give-aways abfertigen (Eine Druckerpatrone ist allerdings in der Regel nicht billig). Setze den regulären Preis einer Zugabe am besten immer in Relation zum Kaufpreis Deines Wunschproduktes. Aber wenn Du das Produkt unbedingt haben willst, kannst Du Dich schon einmal auf eine solche Art der Preisreduktion einlassen. So habe ich beim Kauf eines Staubsaugers, bei dem die Verkäuferin konsequent eine Preisreduktion ausschloss, schließlich durch Beharrlichkeit wenigstens noch eine Packung Staubsaugerbeutel herausgehandelt.

- **Wie-Du-mir-so-ich-Dir-Strategie**: Für einen Rabatt sollst Du eine Gegenleistung erbringen, zum Beispiel eine höhere Anzahlung leisten oder die Ware selbst abholen. **Deine Reaktion**: Überlege Dir genau, ob Du bereit bist, diese Gegenleistung zu erbringen. Wenn Du hart bleibst, wird der Verkäufer wohl kaum den bereits genannten Rabatt wieder zurücknehmen.

- Die **Runde-Summe-Strategie**: Der Verkäufer rundet den Preis ab, so dass Du gegenüber dem ursprünglichen Preis einen Vorteil hast. **Deine Reaktion**: Achtung, besonders bei größeren Anschaffungen aufpassen! Hier solltest Du den Nachlass prozentual in Relation zum ursprünglichen Preis setzen und dann entscheiden, ob er Deinen Vorstellungen entspricht.

- Die **Broken-Record-Methode**: Der Verkäufer verweigert - wie eine Schallplatte, die immer wieder an derselben Stelle hängen bleibt - beharrlich jeglichen Rabatt. **Deine Gegenstrategie**: Auch Du könntest Deine „broken record“ auflegen und konsequent auf die Gewährung des gewünschten Rabatts bestehen (*dazu aber später noch mehr*).

- Die **Rabatt-Lupen-Technik**: Der Verkäufer versucht, einen Schmalspur-Rabatt schönzureden, unter Umständen dadurch, dass er Dir schmeichelt: *„Dieses Angebot mache ich nur Ihnen!“* **Deine mögliche Reaktion**: *„Schön, dass Sie mir entgegenkommen. Wenn Sie jetzt noch ... % drauflegen, ist das Geschäft perfekt!“*

- Der Verkäufer zeigt **demonstratives Desinteresse am Verkauf**: Damit will er Dich unter Entscheidungsdruck setzen. In dieser Situation ist ganz wichtig, wie es um Deine Kaufmotivation bestellt ist. Willst Du unbedingt kaufen? Je nachdem, wie wichtig für Dich dieser Kauf ist, kann es sinnvoll sein, Deine Rabattforderung etwas zu relativieren (*mehr dazu in den nächsten Steps*).

- Der Verkäufer verweist darauf, dass **andere Kunden auch keinen Nachlass** bekommen. **Deine Reaktion**: Du bist eben ein besonderer Kunde, für den ein Nachlass wichtig ist!

- Der Verkäufer protzt mit dem **außergewöhnlichen Service** des Unternehmens. **Deine Reaktion**: Als Kunde erwartest Du selbstverständlich einen perfekten Service. Das sollte heutzutage Standard sein! (Natürlich schließt das nicht aus, dass Dir auch einmal ein **unfreundlicher oder inkompetenter Verkäufer** begegnet. Verkäufer sind schließlich auch Menschen, sie können Probleme und Sorgen haben, die sie vielleicht auf ungünstige Art, z. B. über Alkoholmissbrauch, zu bewältigen versuchen. Ihre schlechte Laune bekommen dann u. U. auch Kunden ab. Wenn ich in einem Geschäft einmal eine solche negative Erfahrung gemacht habe, lasse ich mich - wenn ich den Laden nicht gänzlich meiden möchte - bewusst von Verkaufspersonal bedienen, das ich als freundlich und kompetent kennengelernt habe).

Natürlich versucht ein Händler bzw. sein angestellter Verkäufer, den größtmöglichen Preis für eine Ware zu erzielen. Die Verkäufer wissen aus Erfahrung, dass nur die wenigsten Kunden wirklich konsequent und „fit“ genug für beharrliche Preisverhandlungen sind. Sie werden daher zunächst versuchen, Wünsche nach Preisnachlass mit Standardargumenten abzuwimmeln.

Als erfolgreicher Preisverhandler bzw. erfolgreiche Preisverhandlerin solltest Du diese Standardabwehrstrategien und die möglichen Gegenreaktionen kennen. Entscheidend wichtig für Deinen Erfolg, einen angemessenen Rabatt auszuhandeln, ist jedoch, dass Du für Dich genau weißt, was Du willst.

Und dabei hilft es immer vorher zu überlegen, wie das Gespräch verlaufen könnte, wie Du auf die „Ausrede-Taktiken“ des Verkäufers reagieren kannst. Stell' Dir eine Verhandlung mit einem Verkäufer vor. *Was möchtest Du kaufen? Wie hoch ist der Preis? Welchen Rabatt möchtest Du erreichen?*

Nimm Dir die genannten Beispiele noch einmal vor und überlege Dir – in Deinen eigenen Worten – Deine Erwiderungen. Mach das am besten an einem konkreten Beispiel, an einer Ware, die Du tatsächlich kaufen möchtest.

Schreibe Dir Deine Argumente auf.

STEP 15 Was hat das Ganze mit „sozialer Kompetenz“ zu tun?

„Soziale Kompetenz“ ist ein Modewort, das Du sicherlich schon einmal gehört hast und das in den letzten Jahren Einzug in die Managementlehre gehalten hat. Ältere wissenschaftliche, psychologische Begriffe dafür waren „interpersonale Kompetenz“ und „soziale Intelligenz“. Um was geht es dabei und vor allem: *Was hat dieser Begriff mit unserem Thema zu tun?*

Als Menschen sind wir als soziale Wesen auf den Austausch mit anderen Menschen angewiesen. Von der Geburt bis ins hohe Alter kommunizieren wir ständig mit anderen Personen. Die Art, wie wir das tun, hat entscheidenden Einfluss auf die **Qualität unserer Beziehungen** zu unseren Mitmenschen. Immer, wenn wir uns mit anderen Menschen austauschen, mit ihnen also kommunizieren, geht es nicht nur um „die Sache an sich“, sondern auch um andere Ebenen, vor allem um Gefühle, um Sympathie und Antipathie und um Macht. Sozial kompetente Menschen verstehen es, besser als andere, diese unterschiedlichen Ebenen einzusetzen. Gerade im Berufsleben ist die „soziale Kompetenz“ in den letzten Jahren verstärkt ein Thema. In einer Zeit der „Globalisierung“ und des zunehmenden Wettbewerbs kommt es immer mehr darauf an, die Fähigkeiten und Fertigkeiten des Einzelnen weiter zu entwickeln. Dabei ist auch die Fähigkeit, mit anderen Menschen gut zusammenzuarbeiten, besonders wichtig. Anstelle von „sozialer Kompetenz“ spricht man deswegen auch manchmal von „Teamkompetenz“.

Eine hohe soziale Kompetenz ist eng mit beruflichem Erfolg verbunden, zum Beispiel: **sich gut in Andere einfühlen** oder **die eigenen Interessen durchsetzen können**. Und hier haben wir dann auch den Bezug zum Thema Preisverhandlungen: Wenn Du sozial kompetent verhandelst, wirst Du eine größere Chance haben, Dein Ziel eines Preisnachlasses zu erreichen. Das Problem bei dem Ganzen ist halt, dass eine gute soziale Kompetenz nicht angeboren ist, sondern dass sie sehr stark abhängig ist von den **sozialen und den Lern-Bedingungen**, die Dir im Laufe der Entwicklung Deiner Persönlichkeit zur Verfügung standen. Eines ist dabei aber auch tröstlich: Falls die Bedingungen in Deiner Lerngeschichte nicht so günstig waren und Du Deine soziale Kompetenz als verbesserungswürdig empfindest, gibt es die Möglichkeit **durch Wissensvermittlung und Training an**

einer Optimierung Deiner sozialen Kompetenz zu arbeiten. Mit der Lektüre und Anwendung dieses Buches hast Du einen wichtigen Schritt zur Erreichung dieses Ziels getan!

Übung:

Beobachte Dich heute einmal in der Kommunikation mit Deinen Kollegen, Freunden oder auch im Café / Restaurant mit dem Kellner, beim Einkaufen mit der Kassiererin ... Wie gehst Du mit den verschiedenen Menschen um? Wenn Du heute irgendwo Deine Interessen durchsetzen willst: Gelingt es Dir? Gehst Du Kompromisse ein? Bist Du am Ende zufrieden mit dem erzielten Ergebnis? Notiere Dir Deine Beobachtungen und – wenn Du in einer Situation mit dem Ausgang nicht zufrieden warst – überlege Dir, wie Du hättest vorgehen können, um doch noch ein gutes Ergebnis zu erreichen. Lass' Dich davon nicht frustrieren, sondern nutze Deine Erkenntnisse für das nächste Mal.

Versuche heute bei Gesprächen, die Du führst, an dieses Thema zu denken und es umzusetzen: Wie gehst Du mit Deinen Gesprächspartnern um? Vielleicht hast Du einen guten Freund oder eine gute Freundin, mit denen Du einmal verschiedene Gesprächssituationen durchspielen kannst? Wie sieht das Ergebnis aus, wenn jeder auf den Anderen eingeht? Wie sieht es aus, wenn beide nur stur versuchen, ihre Interessen durchzusetzen?
Wer gut auf andere Menschen eingehen kann, wer zuhören und sich in Andere einfühlen kann, wer weiß, was er/sie will und dies auch konsequent umsetzen kann, ist sozial kompetent. Von daher versteht sich von selbst, dass Du soziale Kompetenz - und die entsprechenden praktischen Fertigkeiten - auch als Preisverhandler benötigst, um Dein Ziel einer Preisreduktion mit einer hohen Erfolgswahrscheinlichkeit zu erreichen.

Kompetent ist laut DUDEN eine Person, die „zuständig, maßgebend, befugt" ist. Das Adjektiv „sozial" bei „sozialer Kompetenz" weist darauf hin, dass diese Maßgeblichkeit die menschliche Gemeinschaft, das Miteinander mit Anderen, betrifft. Dabei geht es um kommunikative Fähigkeiten und Fertigkeiten, wie zum Beispiel: Sicher und klar argumentieren, gut zuhören können, eine positive Beziehung zum Kommunikationspartner herstellen können.

Bezogen auf das Thema dieses Buches könntest Du von sozialer Kompetenz bei Dir also dann ausgehen, wenn Du Dich für das Führen von Preisverhandeln im obigen Sinne „zuständig“ fühlst. Die „Befugnis“ dazu erhältst Du, wenn Du das Buch aktiv durchgearbeitet hast (*So hochtrabend, wie das jetzt klingt, ist es von mir aber nicht gemeint ...*). Vielleicht sollte ich es so ausdrücken:

Dass Du das Ziel des sozial kompetenten, geschickten Verhandelns um Preise in relativ kurzer Zeit erreichst: Dabei möchte ich Dich mit diesem Buch durch Vermittlung von Wissen und Training Deiner kommunikativen Fertigkeiten unterstützen!

Also weiter so, es lohnt sich bestimmt für Dich!

STEP 16 Nicht-sprachliches (nonverbales) Verhalten und Körpersprache

Ich möchte jetzt das Thema „soziale Kompetenz“ noch etwas vertiefen.

Du hast im vorangehenden Step gelernt, dass soziale Kompetenz im Wesentlichen die Art und Weise des Umgehens mit anderen Menschen betrifft. Wenn Du mit anderen Menschen in Kontakt trittst, tauschst Du mit ihnen entweder **sprachliche Signale (Sprechen, Schreiben)** oder **nicht-sprachliche Signale** aus: Bei persönlichen Kontakten schaust Du die andere Person an (**Blickkontakt**), gehst auf sie zu oder wendest Dich ihr im Sitzen oder beim Gegenüberstehen körperlich zu (**Körperhaltung**). Von besonderer Bedeutung ist im Kontakt mit Anderen, wie Du Dich fühlst und ob und wie Du das ausdrückst. Ein **gutes Gefühl**, eine **gute Stimmung**, ist natürlich im menschlichen Miteinander besonders angenehm. Vor allem **Dein Lächeln** ist ein starkes Signal, es zeigt Offenheit, Interesse, vielleicht auch Sympathie gegenüber der anderen Person und trägt entscheidend zu einer **guten Gesprächsatmosphäre** bei.

Man kann auch Merkmale und Objekte, die etwas über die damit verbundene Person aussagen können, dem nonverbalen Bereich zuordnen, so zum Beispiel die **Kleidung**, die **Frisur**, allgemein das Äußere eines Menschen. Letztlich spielen in der nonverbalen Kommunikation sämtliche Sinneskanäle eine Rolle, also auch Geruchs-, Geschmacks- und Wärmeempfindungen.

Besonders wichtig ist die nonverbale Kommunikation für die Steuerung des Ablaufs eines Gesprächs, dass heißt, wer spricht und wer hört zu. Ebenso ist sie wichtig für die Bestimmung der Qualität einer Beziehung zwischen zwei Kommunikationspartnern, zum Beispiel wie intim die Beziehung der beiden Personen ist. So wirst Du normalerweise bei einem Verkaufsgespräch den Verkäufer nicht körperlich berühren, was für Dich bei einem Freund oder einer Freundin selbstverständlich ist.

Generell kann man die Kommunikation auch unterteilen in **digital codierte Signale** (= Sprache) und **analog codierte Signale**, die über den visuellen (= **Sehen**) und den taktilen (= **Berührung**) Kanal sowie paralinguistisch im auditiven (= **Hören**) Kanal, wie Tonfall, Lautstärke usw., übermittelt werden.

Setze heute einmal bewusst Deine **Körpersprache** ein. Lächle Deine Gesprächspartner an, wende Dich ihnen zu – aber bitte nur, wenn Du Dich nicht dazu zwingen musst, sondern nur, wenn Du es ehrlich meinst. Beobachte Deine eigenen und die Reaktionen Deines Gegenübers. *Wie erlebst Du diese Gesprächssituationen?*

Das so genannte nicht-sprachliche (nonverbale) Verhalten bzw. die **Körpersprache** sagt sehr viel über die innere Befindlichkeit einer Person aus. Die Körpersprache wird von entwicklungsgeschichtlich sehr alten Hirnregionen gesteuert, die zum Teil nicht oder nur sehr schwer willkürlich beeinflussbar sind. Deswegen ist etwas dran an der Aussage: *Dein Körper lügt nicht.*

Vielleicht hast Du das auch schon beobachtet: Jemand umschmeichelt eine andere Person mit Worten, aber Du hast trotzdem den Eindruck, dass das nicht echt ist, dass seine Worte etwas Gekünsteltes haben. Mit Sicherheit stammt diese Wahrnehmungsdiskrepanz aus Deiner Beobachtung des nonverbalen Verhaltens des „Schmeichlers“: Vielleicht ist es der übertriebene Tonfall des Gesagten oder das verkrampfte Lächeln dieser Person. Irgendetwas passt nicht zu dem Inhalt der gesprochenen Worte.

Sei aber vorsichtig mit der Deutung körperlicher Signale. Sie sind häufig **mehrdeutig** und können zu Fehlinterpretationen des Verhaltens Deines Gegenübers verleiten. Ich halte auch nicht viel von Ratgebern, die zum Beispiel behaupten, dass verschränkte Arme Abwehr bedeuten oder dass Du an der Art, wie jemand seine Beine übereinander schlägt, erkennen kannst, ob er Dir zugewandt ist. Die Arme kann man auch verschränken, wenn man friert. Manche schlagen die Beine übereinander, wenn sie ermüden.

Hilfreicher ist es, wenn Du die Körpersprache im Zusammenspiel mit dem sprachlichen Ausdruck und der Situation siehst. Drücken Kopfhaltung, Arm- und Beinhaltung, Mimik und

Gestik Ähnliches aus? Stimmt das Gesagte mit dem überein, was die Körperhaltung ausdrückt?

Übungsaufgabe:

Beobachte heute Deine Gesprächspartner: Stimmt für Dich ihre Körpersprache mit dem Gesagten überein? Und wie sieht es mit Deiner Körpersprache aus? Wie reagierst Du auf das Gesagte und das, was ihre Körperhaltung Dir übermittelt?

So, jetzt hast Du fast schon eine komplette Ausbildung in der Psychologie der Kommunikation. Bitte überlege Dir schon einmal, welche Aspekte der nonverbalen Kommunikation im Verkaufsgespräch besonders wichtig sind. Am besten schreibst Du Dir das auf. Im weiteren Verlauf des Buches werde ich darauf noch zurückkommen.

Ich danke Dir für Dein Interesse und Deine Kooperation.

STEP 17 Selbstsicheres Verhalten

Was verstehst Du unter selbstsicherem Verhalten? Hoffentlich nicht das, was viele Menschen meinen, die selbstsicheres Auftreten mit aggressivem Verhalten gleichsetzen ... Selbstsicheres Verhalten ist kein Mittel, um sich auf Kosten Anderer durchzusetzen oder zu bereichern. Wenn Du Dich selbstsicher verhältst, hast Du faule Tricks oder die Manipulation Anderer nicht nötig, sondern Du gehst mit Anderen offen und ehrlich um. Du erlaubst aber Anderen auch nicht, Dich „auszutricksen“ oder Dich in Deinen Rechten zu beschneiden.

Wenn Du selbstsicher bist, entscheidest Du vollkommen frei, wie Du Dich verhältst, ob Du Dich durchsetzt oder nachgibst. Als selbstsicherer Mensch bist Du nicht Opfer der Anderen oder der Umstände, sondern Du bestimmst Dein Leben selbst. Du nimmst Deine Rechte wahr, achtest aber auch die Rechte anderer Menschen. Wenn Du von Deinem Recht Gebrauch machst, hast Du keinerlei Hemmungen oder Schuldgefühle.

Im Gegensatz dazu ist **selbstunsicheres Verhalten** selbstschädigend. Du erlaubst anderen Menschen, für Dich Entscheidungen zu treffen. Dadurch vermeidest Du zwar Konflikte und kannst Streit aus dem Weg gehen - letzten Endes verzichtest Du aber auf eine Entfaltung Deiner Wünsche bzw. auf eine Befriedigung Deiner berechtigten Bedürfnisse.

Wer sich **aggressiv** verhält, will Andere klein machen und sich auf ihre Kosten Vorteile verschaffen. So werden die Rechte anderer Menschen verletzt. Die eigenen Bedürfnisse werden rücksichtslos ausgelebt.

Und nun ein kleiner Test für Dich:

Bitte ordne einmal die nachfolgenden Aussagen den drei möglichen Verhaltensweisen selbstsicher (= s), unsicher (= u) und aggressiv (= a) zu (*Die richtigen Lösungen findest Du im Anhang am Ende des Buches*):

1. Ich habe das Recht, über den vom Verkäufer einer Ware verlangten Preis zu verhandeln. (*s u a?*)
2. Ich sollte den Preis einer Ware akzeptieren, da ich sonst den Verkäufer verärgere. (*s u a?*)
3. Ich habe das Recht, zu einem Angebot, das mich nicht überzeugt, nein zu sagen. (*s u a?*)
4. Der Verkäufer soll sich gefälligst nach meinen Wünschen richten! (*s u a?*)
5. Der Verkäufer ist sicher viel redegewandter als ich. (*s u a?*)
6. Ich werde diesem Verkäufertypen mal zeigen, wo Bartel den Most holt! (*s u a?*)

Als **selbstsicherer Mensch** äußerst Du Deine Wünsche direkt. Du bist in der Lage, über Deine Gefühle zu sprechen und Deine Ansichten frei heraus zu sagen. Falls Dir einmal ein Fehler passiert, so ist das für Dich keine Katastrophe, weil Du es für Dich akzeptieren kannst. Wenn Du von einer Sache überzeugt bist, verfolgst Du sie konsequent, bis Du zumindest einen Teilerfolg erzielt hast.

Als selbstsicherer Mensch hast Du **Selbstvertrauen** und ein **positives Selbstwertgefühl**. Idealerweise haben Dir Deine Eltern, Deine Familie und Deine soziale Umgebung von Kindheit an ermöglicht, eine Art **Urvertrauen** zu entwickeln, das Dir ermöglicht, auch in schwierigen Situationen selbstsicher und zuversichtlich aufzutreten. Leider stehen vielen Menschen ohne eigenes Verschulden solche idealen Bedingungen in ihrer Kindheit und

Jugend nicht zur Verfügung, so dass sie eher zu Unsicherheit und - insbesondere in Konfliktsituationen - zu aggressivem Verhalten tendieren.

Als **selbstunsicherer Mensch** steckst Du voller Angst, Schuld- und Minderwertigkeitsgefühle. Anderen gegenüber fühlst Du Dich unterlegen und bist leicht kränkbar und verletzlich. Ständig stehst Du unter einer inneren Anspannung. Du sagst häufig ja, wenn Du eigentlich nein sagen möchtest. Deine Wünsche äußerst Du nur indirekt. Du sagst nicht, was Du willst. Wenn etwas nicht so läuft, wie Du es gerne hättest, fährst Du leicht aus der Haut. Du neigst aber auch dazu, Deinen Ärger in Dich hineinzufressen (weshalb Du als unsicherer Mensch auch eher gefährdet bist, zu Alkohol oder Drogen zu greifen). Du traust Dich nicht, Anderen etwas abzuschlagen, weshalb Andere Dich gerne ausnutzen. Wenn Dir ein Fehler passiert, hast Du sofort eine Ausrede parat. Kritik Anderer kannst Du gar nicht vertragen. Wenn Dir jemand Komplimente macht, ist Dir das unangenehm. Letzten Endes erlaubst Du Anderen, für Dich Entscheidungen zu treffen.

Als **aggressiver Mensch** fühlst Du Dich ständig angespannt und verkrampft, voller unterschwelligem Ärger und Hass. Aber auch Gefühle wie Angst und Feindseligkeit sind Deine ständigen Begleiter. Anderen gegenüber bist Du arrogant und überheblich, beschimpfst sie oder drohst ihnen mit körperlicher Gewalt. Alle sollen nach Deiner Pfeife tanzen. Kompromisse sind für Dich ein Fremdwort. Du willst immer Recht behalten, sprichst mit Anderen bevorzugt im Befehlston, anklagend oder herablassend. In einer Auseinandersetzung den Kürzeren zu ziehen, ist für Dich der Horror. Wenn Dir ein Fehler passiert, gibst Du Anderen die Schuld.

Ich hoffe, von den genannten Beschreibungen trifft am ehesten die erste auf Dich zu. Falls Du Dich zum Teil in den anderen Beschreibungen wiedererkennst, brauchst Du nicht zu verzagen: Mit der Teilnahme an diesem Buch arbeitest Du daran, Dich in Richtung einer selbstsicheren Persönlichkeit zu entwickeln! Falls Du bei Dir unsichere oder aggressive Tendenzen feststellst, wird Dir die Teilnahme an diesem Kurs helfen, zumindest in einem Teilbereich Deines Lebens - Deiner Rolle als Verbraucher bzw. Konsument - aktiv etwas dagegen zu unternehmen. Nur Mut also, und arbeite weiter so engagiert mit!

Mit der folgenden **Übungsaufgabe** kannst Du interessante Selbsterkenntnisse über Dich gewinnen:

Wie schätzt Du Dich selbst ein? Erkennst Du Teile der oben aufgeführten Verhaltensweisen oder Gefühle bei Dir? Wie schätzen Dich Andere ein? Vielleicht sprichst Du einmal mit einem Freund oder einer Freundin darüber? Welche **Stärken** oder guten Seiten sehen sie bei Dir? Welche **Schwächen**? Wie sieht der Vergleich Deines **Selbstbildes** (so, wie Du Dich selbst siehst) mit Deinem **Fremdbild** (so wie Dich Andere sehen) aus?

STEP 18 Selbstsicheres Verhalten und Körpersprache

Wenn Du Dich selbstsicher verhältst, zeigt sich das zum einen darin, was Du sagst, also welche Argumente Du gebrauchst, um Deinen Standpunkt zu vertreten oder durchzusetzen. Zum Anderen zeigt sich der Grad Deiner Selbstsicherheit aber auch in Deinem **nonverbalen, nicht-sprachlichen Verhalten**.

Ich habe bereits vier wichtige nonverbale Elemente angesprochen, die natürlich auch einen Rückschluss auf das Ausmaß Deiner Selbstsicherheit zulassen:

Wenn Du **selbstsicher** auftrittst,

- hältst Du Blickkontakt zu Deinem Gesprächspartner
- bewegst Du Dich, zum Beispiel beim Betreten eines Geschäftes, auf Deinen Gesprächspartner zu
- wendest Du Dich Deinem Gesprächspartner auch während des Gesprächs körperlich zu
- lächelst Du. Das Lächeln ist ein besonders starkes, universales nonverbales Signal! Es erzeugt Offenheit und erleichtert einen positiven Einstieg zu einem fruchtbaren Gespräch. (*Achtung, kleiner Hinweis auch für Verkäufer: Nicht umsonst sagt ein chinesisches Sprichwort: Wenn Du nicht lächeln kannst, sollst Du kein Geschäft eröffnen ...*).

Nimm Dir heute einmal die Zeit, Dich auf ein anstehendes Gespräch ausführlich vorzubereiten: Was sind Deine Ziele? Wo könntest Du Kompromisse eingehen? Wie willst Du auf Deine Gesprächspartner wirken? Und wie solltest Du Dich verhalten um dies alles umzusetzen? Stell Dir die Situation möglichst präzise vor, überlege Dir, was Du sagst und wie Du Dich dabei verhältst? Wie und wo stehst oder sitzt Du? Lächelst Du? Kannst Du Deinen Gesprächspartnern in die Augen schauen? Vielleicht stellst Du Dich vor einen Spiegel, schaust Dir selbst in die Augen und sagst Dir laut Deine eigenen Argumente. Kannst Du Dich selbst überzeugen?

Während Du Dich vor einem wichtigen Gespräch auf inhaltliche Argumente und mögliche Gegenargumente detailliert vorbereiten kannst, ist die Vorbereitung und Steuerung Deines nicht-sprachlichen, nonverbalen Verhaltens schwieriger. Du erinnerst Dich, dass ich erwähnt habe, dass dieses Verhalten von entwicklungsgeschichtlich älteren Hirnregionen gesteuert wird, die nur zum Teil einer willentlichen Kontrolle unterliegen. Trotzdem hast Du natürlich einen Einfluss auf Deinen nonverbalen Ausdruck, und zwar, indem Du ihn übst. Üben macht auch hier den Meister! Du kannst das für Dich alleine tun, indem Du zum Beispiel zwei Stühle gegenüber stellst und dann beim Wechsel der Sitzposition die Rolle des jeweiligen Gesprächspartners einnimmst. Für ein Üben im Stehen kannst Du zwei verschiedenfarbige Papierbögen auf den Boden legen und dann die Position wechseln, indem Du Dich - je nachdem, welchen Gesprächspartner Du spielst - auf das jeweilige andersfarbige Blatt stellst.

Ein **Beispiel**:

Wenn Du auf dem **grünen Papierbogen** stehst, bist Du **Kunde**; auf dem **blauen Papierbogen** bist Du **Verkäufer**.

Falls Du eine Freundin / einen Freund zum Mitüben gewinnen kannst, ist das natürlich besser, dann wird das Ganze noch ein Stück realitätsnäher.

Andere Möglichkeiten: Vor einem Spiegel üben oder die Übung mit einer Videokamera aufzeichnen.

Jetzt übst Du einfach in der Rolle des Kunden: Blickkontakt; zugewandte Körperhaltung, Lächeln. Übe so lange, bis Du den Eindruck hast, dass Deine Körpersprache sicher, aber nicht übertrieben selbstsicher wirkt. Auch hier sind natürlich die Rückmeldung durch eine andere Person oder das Anschauen einer Videoaufzeichnung besonders hilfreich.

Du kannst in einem schwierigen Gespräch noch so gute Argumente haben: Wenn Du sie nicht **überzeugend und mit Einsatz Deiner ganzen Person** vorbringst, werden sie ihre Wirkung verfehlen. Mit „Einsatz Deiner ganzen Person" meine ich hier Dein nicht-sprachliches, nonverbales Verhalten: den **Ausdruck Deiner Stimme**, Deine **Mimik**, Deine **Gestik**, Deine **Körperhaltung**.

Wenn Du diesen nichtverbalen Teil Deines Verhaltens verbessern willst, ist das schwieriger, als Deine Argumente inhaltlich und sprachlich vorzubereiten. Die **Optimierung Deiner Körpersprache** verlangt - neben dem Wissen, worauf es ankommt - eigentlich nur dreierlei: **üben, üben und nochmals üben!**
Welche Übungen Dir helfen können, Dein nonverbales Verhalten und Deine Körpersprache zu optimieren, habe ich ja bereits erläutert. Greife bitte unbedingt darauf zurück, denn den größten Nutzen vom Buch hast Du, wenn Du **die Übungen auch wirklich ausführst**.

In diesem Sinne wünsche ich Dir weiterhin viel Erfolg und danke Dir für die gute Zusammenarbeit.

STEP 19 Der Einfluss Deiner günstigen bzw. ungünstigen Gedanken vor und in schwierigen Situationen

Erinnerst Du Dich daran, dass ich am Anfang den Einfluss günstiger und ungünstiger Gedanken auf Dein Verhalten angesprochen habe? Jetzt möchte ich das Thema noch etwas vertiefen.

Einer meiner Kollegen hat das Ganze einmal auf den Punkt gebracht:

„Du fühlst, was Du denkst."

Ich komme noch einmal zurück auf das Beispiel des schüchternen Mannes. Stell' Dir vor, sein innerer Dialog würde folgendermaßen ablaufen: *'Ich bin einfach kein Frauentyp. Was soll eine Frau an mir schon attraktiv finden? Wer will überhaupt jemanden wie mich zum Freund haben? Mein Leben ist eigentlich ganz schön ...'* Hier breche ich ab, denn Du kannst Dir sicherlich vorstellen, wie dieser Mann irgendwann bei einem Psychiater oder einem Psychologen sitzt und dort wegen einer Depression behandelt wird.

Die Regel, dass Dein Denken Dein Fühlen und Dein Handeln bestimmt, gilt selbstverständlich auch für Dein Gefühl und Dein Verhalten in einer Verhandlungssituation. Sind

Deine Gedanken vor und in der Verhandlung positiv, wird Dich das bei der Erreichung Deines Zieles unterstützen. Das Umgekehrte gilt für negative Gedanken.

Notiere Dir einige positive Gedanken, mit denen Du Dich auf eine Preisverhandlung einstimmen kannst.

Wenn Du Dir **vor einer schwierigen Situation ungünstige Gedanken**, wie zum Beispiel: *'Ich schaff' das nicht'* machst, führt das zu Hemmungen, Verkrampfungen oder vielleicht auch Angstgefühlen. Ein **Teufelskreislauf** kann entstehen: Du denkst negativ über die bevorstehende Situation, reagierst dementsprechend mit unangenehmen Gefühlen, die wiederum für Dich die Bestätigung sind, dass Deine Befürchtungen berechtigt sind usw. ...

Erinnerst Du Dich an das Beispiel mit dem Einkauf in einem Outlet-Center in Step 03? Wenn ich da meinem ursprünglichen (negativen) Gedanken (*'Da ist eh schon alles so günstig, da ist preislich nichts zu machen'*) gefolgt wäre, hätte ich nicht verhandelt und die 10 Prozent Preisnachlass nicht bekommen, da ich anfangs überhaupt nicht an einen möglichen Preisnachlass gedacht hatte. Gleichzeitig ist das ein schönes Beispiel dafür, wie verinnerlichte Gedanken unbewusst wirken können und somit Verhaltensalternativen verhindern können.

Noch eine **Anmerkung**: Ich habe oben bewusst formuliert: *Wenn Du Dir vor einer schwierigen Situation ungünstige Gedanken ...* ***machst***! Ich hätte auch schreiben können *... ungünstige Gedanken ...* ***hast.*** Was meinst Du: Worin liegt der Unterschied? Richtig, wenn Du Dir Gedanken **machst**, weist diese Formulierung darauf hin, dass Du der Erzeuger Deiner Gedanken bist. Wenn Du aber Gedanken **hast**, kannst Du so tun, als kämen Dir diese Gedanken irgendwie ohne Dein Zutun in den Sinn, Du bist also nicht verantwortlich dafür ...

Es ist wichtig für Dich Dir zu vergegenwärtigen, dass Du für Deine Gedanken verantwortlich bist, dass Du sie „machst" – denn dann kannst Du Dir auch positive Gedanken machen. Der allererste wäre zum Beispiel: „Ich schaffe das." *Findest Du noch weitere?*

Wenn Du mit **negativen Gedanken und Befürchtungen** an eine für Dich schwierige Situation herangehst, wirst Du dazu neigen, diese Situation zu vermeiden. Dadurch musst

Du Dich nicht mit Deinen unangenehmen Gefühlen und Deiner Angst auseinander setzen. Was ja zunächst sehr angenehm ist.

Nach dem Lerngesetz „**Lernen durch die Folgen des Verhaltens**“ ist das Ausbleiben unangenehmer Gefühle eine positive, angenehme Folge Deines Vermeidungsverhaltens, und damit wird das **Vermeiden dieser unangenehmen Situation** belohnt.

Du siehst also, dass Du auf diesem Weg nicht die Erfahrung machen kannst, eine für Dich schwierige Situation erfolgreich zu bestehen!

Noch ein weiterer Mechanismus ist ganz wichtig: Durch Dein Vermeidungsverhalten wirst Du in Deiner **Überzeugung** verstärkt, dass Du solchen Situationen nicht gewachsen bist. Du fühlst Dich anschließend **noch mutloser** und wirst derartige Situationen in Zukunft erst recht nicht mehr in Angriff nehmen.
Diesen Mechanismus kannst Du unterbrechen, indem Du zunächst bei Deinen Gedanken anfängst. Bereite Dich innerlich auf die Situation vor. Stell Dir vor, wie Du sie erfolgreich meisterst. Vergegenwärtige Dir das gute Gefühl, das Du bei Deinem Erfolg spürst.

STEP 20 Was bewirken 'irrationale Gedanken'?

In verschiedenen vorhergehenden Steps habe ich die entscheidende Bedeutung Deiner Gedanken auf die Lösung schwieriger Aufgaben behandelt. Ungünstige Gedanken werden häufig auch als '**irrationale Gedanken**' bezeichnet. Damit wird darauf abgezielt, dass es sich um Gedanken 'bar jeglicher Vernunft' handelt, also eigentlich um **Denkfehler**.

Solche **irrationale Gedanken** können in verschiedenen Formen auftreten:

- als **willkürliche Schlussfolgerungen**, dass heißt, Du ziehst Schlussfolgerungen, ohne dass ausreichende Beweise oder Belege vorliegen. Ein **Beispiel**: *'Dass mein Nachbar mich heute morgen nicht gegrüßt hat, zeigt, dass er etwas gegen mich hat.'*

- als **selektive Wahrnehmung**. Du konzentrierst Dich auf ein Detail einer Situation, ignorierst andere wichtige Aspekte dieser Situation und interpretierst die Situation dann einseitig auf der Basis Deiner Wahrnehmung des Details. Ein **Beispiel**: Heute morgen haben Dich einige Leute freundlich gegrüßt, aber ein Kollege hat Dich einfach übersehen. Du denkst: *Dass Andere immer ihre schlechte Laune an mir ablassen müssen!*

- als **Übergeneralisierung**: Du hast in einer Leistungssituation einige wenige Misserfolge erlebt und überträgst das als allgemeine Regel auf andere ähnliche Situationen nach dem Muster: *'Ich bin ein Versager'.*

- als **Maximierung und Minimierung**: Dieser Denkfehler geht in die gleiche Richtung wie die Übergeneralisierung. Du **übertreibst einen Fehler**, den Du - wie das jedem Menschen passieren kann - einmal gemacht hast und **wertest gute Leistungen**, die Du erbracht hast, gänzlich **ab**.

- als **Personalisierung**. Du machst Dich für etwas verantwortlich, obwohl es objektiv nicht in Deiner Macht liegt oder lag. Diesen Denkfehler findet man manchmal bei depressiven Menschen, die sich zum Beispiel für den Tod einer nahestehenden Person verantwortlich fühlen, obwohl es dafür keinerlei objektive Grundlage gibt.

- als **dichotomes Denken** oder **Schwarz-Weiß-Denken**. Du bevorzugst extreme Bewertungskategorien: Entweder war eine Leistung absolut perfekt oder total ungenügend. Grautöne kennst Du nicht, eine differenzierte Bewertung eines Ergebnisses liegt Dir fern.

Solltest Du solche irrationalen Gedanken hegen, führt dies letztlich dazu, dass Du Dich **minderwertig und wertlos** fühlst und dass unter Umständen sogar **alltägliche Situationen**, wie zum Beispiel einkaufen oder eine Party besuchen, für Dich eine **Bedrohung** darstellen können.

Gehe die oben genannten Beispiele noch einmal durch und überlege, ob etwas davon auf Dich zutrifft. *Welche Situationen fallen Dir ein? Wenn Du jetzt noch einmal über sie nachdenkst: Stimmt Deine Wahrnehmung von Dir selbst – und entsprechen die Gedanken, die Du daraus abgeleitet hast, wirklich der Realität? Lässt sich die Situation nicht auch anders sehen?*

Irrationale Gedanken sind Gedanken, die sich bei eingehender, vernünftiger Überlegung als Denkfehler entpuppen. Wenn eine Person zu irrationalem Denken neigt, hat das bereits seine Wurzeln in ihrer Kindheit und Erziehung. Eltern, die Fehler und ungeschicktes Verhalten ihrer Kinder überbewerten und sofort kritisch darauf reagieren, andererseits aber positives Verhalten des Kindes - auch wenn es „nur" ein erster Schritt in die richtige Richtung war - ignorieren, fördern irrationales Denken ihrer Kinder.

In der Förderung irrationalen Denkens liegen häufig die Wurzeln für spätere massive Probleme von Menschen in der Lebensbewältigung. Irrationales Denken findet sich besonders häufig und stark ausgeprägt bei Patienten, die unter psychischen Erkrankungen, wie insbesondere einer Depression oder krankhaften Ängsten, leiden.

Irrationale Gedanken spielen selbstverständlich auch bei dem Thema dieses Buches eine wichtige Rolle. So wäre es fatal, wenn Du aus einem vielleicht früher einmal misslungenem Preisverhandlungsgespräch die Schlussfolgerung ziehen würdest, dass es keinen Zweck hat, über Preise zu verhandeln oder dass Du dafür 'nicht der Typ' bist.

Erinnere Dich an den Satz: „Du fühlst, was Du denkst." *Also, was denkst Du von Dir?* Schreib es Dir auf. Und dann denke noch mal an die Aussage: „Du machst Deine Gedanken." Schau Dir an, was Du aufgeschrieben hast und versuche irrationale, negative Gedanken umzuformulieren und sie neu zu denken.

Hierzu noch ein weiterer **Tipp**:

Falls Du in bestimmten Situationen zu irrationalem Denken tendierst, habe ich eine gute Nachricht für Dich: Du kannst etwas dagegen tun. So habe ich zum Beispiel gute Erfahrungen damit gemacht, irrationale Gedanken auf die eine Seite eines Ringbuches zu schreiben und auf der gegenüber liegenden Seite des Ringbuches alle Gedanken zu notieren, die meinen irrationalen Gedanken widersprechen. Alleine dadurch, dass Du Dir alternative Denkweisen bewusst machst, relativierst Du Deine Denkfehler und bahnst so den Weg für günstige Gedanken, die Dich bei Deiner Zielerreichung unterstützen.

Gib Dir eine Chance und probier' es einfach einmal aus!

STEP 21 Die Gedanken-Stopp-Technik

Ich habe in mehreren Kapiteln die ungünstigen Folgen von irrationalen Gedanken dargestellt. Was aber kannst Du tun, wenn Dir solche irrationale Gedanken immer wieder in den Sinn kommen?

Eine Möglichkeit, Deine Selbstkontrolle in diesem Punkt zu verbessern, ist der „Gedanken-Stopp". Mit dieser Technik kannst Du erreichen, dass unangenehme Gedanken, Wünsche oder Vorstellungen abgestellt werden und so die **Verhaltenskette:**

Irrationale Gedanken ⇨ unangenehme Gefühle ⇨ Vermeiden der als unangenehm erlebten Situation ⇨ negative Selbstgespräche usw.

erst gar nicht entstehen kann.

Das Vorgehen bei der Gedanken-Stopp-Technik ist ganz einfach: Sobald Du einen ungünstigen, irrationalen Gedanken bei Dir wahrnimmst, unterbrichst Du diesen Gedanken mit einem innerlichen **„STOPP!!"** (oder: **„HALT!!"**). Manche meiner Klienten finden es hilfreich, das innere „STOPP" zusätzlich dadurch zu unterstützen, dass sie sich dabei gleichzeitig kurz mit dem Daumen- und Mittelfingernagel in den Unterarm kneifen. Das erzeugt einen kurzen, leichten Schmerz, der das **„STOPP" zusätzlich betonen** soll. Ob Dir das liegt, müsstest Du für Dich ausprobieren.

Ganz wichtig für den Aufbau dieser **Selbstkontrollmaßnahme** ist, dass es nicht nur bei der Unterbrechung der irrationalen Gedanken durch Dein innerliches „STOPP" bleibt, sondern dass anschließend ein **innerliches oder motorisches Ersatzverhalten** folgt.

Ein **Beispiel**:

Deine Aufgabe ist es, ein Geschäft aufzusuchen und Dich dort nach einem Produkt zu erkundigen ohne es zu kaufen. Du denkst: *'Kann ich das dem Verkäufer überhaupt zumuten?'* Sofort sagst Du innerlich bei diesem Gedanken **'STOPP!'** und führst irgendein neutrales Verhalten aus (Du gehst zum Beispiel zum Kühlschrank und trinkst ein Glas Mineralwasser). Das Wichtigste ist also zunächst einmal, diesen negativen, irrationalen Gedanken zu unterbrechen, damit Du nicht in den oben erwähnten Teufelskreislauf gelangst, also:

Irrationaler / ungünstiger Gedanke ⇨ STOPP!! ⇨ Ersatzverhalten

Der Gedanken-Stopp soll den **Teufelskreislauf**

Irrationale Gedanken ⇨ unangenehme Gefühle ⇨ Vermeidungsverhalten (also z. B. erst gar keinen Versuch zu machen, über den Preis zu verhandeln)

unterbrechen.

Du könntest diese irrationalen Gedanken natürlich übergehen und das Verhalten trotzdem ausführen. Günstiger ist es aber, diese irrationalen Gedanken erst gar nicht weiterzudenken. Es ist besser, Du unterbrichst sie sofort. Danach würde allerdings eine „Lücke" entstehen. Irgendetwas Anderes musst Du jetzt tun oder denken.

Ein weiteres **Beispiel**:

Angenommen, Du wachst morgens auf und denkst: *‚Heute habe ich absolut keine Lust, zur Arbeit (oder zur Schule) zu gehen.'* Dieser Gedanke wird Dich nicht gerade ermuntern, aufzustehen. Du unterbrichst diesen Gedanken innerlich mit einem **'STOPP!',** gibst Dir einen Ruck und schwingst Dich aus dem Bett. (*Gestatte mir an dieser Stellen noch eine Zwischenbemerkung: Falls solche Unlustgedanken öfters bei Dir auftreten, wäre es vielleicht sinnvoll, sich einmal mit der Ursache hierfür auseinander zu setzen …*).

Hier noch einmal schematisch der Ablauf der Gedanken-Stopp-Technik:

Irrationaler oder ungünstiger Gedanke ⇨ STOPP!! ⇨ Ersatzverhalten

Probiere das bitte einmal für eine Situation **aus**, zu der Du Dir vielleicht ungünstige oder irrationale Gedanken machst. Überlege Dir vorher, welches Ersatzverhalten Du zeigen könntest.

Wie immer, macht auch hier Übung den Meister. Also überlege Dir bitte eine oder mehrere Situation(en), bei denen Du zu ungünstigen Gedanken neigst, und übe den Gedanken-Stopp fleißig.

Danke für Deine gute Kooperation!

STEP 22 Das ABCD-Schema gegen irrationale Gedanken

Ich hoffe, ich konnte Dir in den vorangehenden Kapiteln deutlich machen, wie Gedanken Deine Gefühle und Dein Verhalten beeinflussen können. Zur Verdeutlichung hier noch ein kleines **Gedankenexperiment**: Angenommen es ist Nacht und Du liegst im Bett. Plötzlich hörst Du im Nebenzimmer ein scheppferndes Geräusch. Du erschrickst und denkst: *„Ein Einbrecher!"* Wie fühlst Du Dich dann?

Was wäre, wenn Du in dieser Situation denken würdest: *„Ich habe ich doch tatsächlich vergessen, das Fenster zu schließen, und jetzt ist die kostbare Vase meiner Großmutter heruntergefallen!"* Welche Gefühle würde dieser Gedanke bei Dir auslösen?

Also: Gedanken wirken sich auf Deine Gefühle bzw. Deine Stimmung aus. **Du kannst Deine Gedanken dazu einsetzen, Deine Gefühle / Stimmung gezielt zu beeinflussen**.

Um das systematisch zu lernen, ist ein **Schema** hilfreich: das **ABCD-Schema**.
Dabei steht:

A für das **A**uslösende Ereignis oder die auslösende Situation
B für Deine **B**ewertung dieses Ereignisses oder dieser Situation in Form entsprechender Selbstgespräche
C für die gefühlsmäßige **C**onsequenz bzw. Auswirkung oder Folge und
D für die Art und Weise der rationalen und konstruktiven **D**iskussion Deiner Bewertungen und Überzeugungen.

Ein **Beispiel**:

Auslösendes Ereignis (A): Du liest in der Zeitung das Interview mit einem Vertreter eines Einzelhandelsverbandes. Der Mann ist offensichtlich nicht sehr glücklich damit, dass das Rabattgesetz abgeschafft wurde, denn er sagt: *„Jedem Kunden, der einen Preisnachlass fordert, muss bewusst sein, dass er damit die Arbeitsplätze unserer Verkäuferinnen und Verkäufer gefährdet!"*

Gefühlsmäßige Consequenz (C): Dieser Satz triff Dich zutiefst, und Du fühlst Dich anschließend furchtbar schlecht.
Welche Bewertung (B) könnte zwischen dem Lesen dieses Satzes und Deinem Gefühl stattgefunden haben? *Bitte schreibe Dir die entsprechenden Gedanken und Gefühle auf.*

Eine mögliche Bewertung (B) (und damit verbundene ungünstige, irrationale Gedanken) könnte sein:
'Was bin ich doch für ein egoistischer Mensch! Aus purem Eigeninteresse, Geld zu sparen, gefährde ich die Arbeitsplätze anderer Menschen! Was bin ich doch für ein rücksichtsloser Egoist. Ich sollte mehr Rücksicht auf Andere nehmen' ... usw. ...

Klar ist, dass Du Dich nach solchen Gedanken mies fühlst!

In einem nächsten Schritt sollst Du Deine ungünstigen, irrationalen Gedanken des obigen Beispiels **diskutieren** und hinterfragen. *Welche Überlegungen fallen Dir dazu ein?*

Eine mögliche Diskussion (D) könnte folgendermaßen aussehen:

'Als mündiger Verbraucher und Kunde mache ich lediglich von meinem Recht Gebrauch, ein Angebot kritisch zu bewerten und dabei auch den Preis auf den Prüfstand zu stellen. Das ist mein gutes Recht. Ich bin für den Erhalt von Arbeitsplätzen nicht verantwortlich, das ist in erster Linie Aufgabe des Geschäftsinhabers und Unternehmers. Ausschließlich die Höhe des Kaufpreises für den Unternehmenserfolg verantwortlich zu machen, ist sehr bequem und lenkt von der unternehmerischen Verantwortung ab.'

Wie wirken sich solche Überlegungen auf Dein Gefühl aus? In welcher Richtung verändert sich Dein Gefühl nach dieser Diskussion?

Das Ziel der Diskussion ist, die negativen Bewertungen der auslösenden Situation durch **angemessene und realistische Gedanken** zu ersetzen, um damit die negativen Gefühle in einem vernünftigen Rahmen zu halten.

Zur Verdeutlichung komme ich nochmals auf das **Beispiel des schüchternen Mannes** in der Diskothek zurück, das Du bereits kennengelernt hast:

A Er sieht in der Diskothek eine Frau, mit der er tanzen möchte.

B Er denkt: *'Ich kriege bestimmt einen Korb. Das wäre eine Katastrophe. Ich bin halt einfach kein Typ, auf den die Frauen stehen. Mich mag ja doch niemand.'*

C Er spricht die Frau nicht an.

D Aber dann beschließt er, etwas gegen seine irrationalen Gedanken zu tun. Etwa so: *'Ich bin ein ganz normaler Mann, der gerne eine Freundin hätte. Wenn diese Frau nicht mit mir tanzen möchte, ist das ihr gutes Recht. Aber das bedeutet nicht, dass ich nichts wert bin. Wie sie wirklich reagiert, werde ich nur wissen, wenn ich sie auffordere. Also tue ich das jetzt, dann hat sie wenigstens die Chance, einen netten Kerl kennen zu lernen!'*

Du siehst: Die Art und Weise, wie Du über eine Situation denkst, beeinflusst nicht nur Deine Gefühle und Deine Stimmung, sondern auch Dein nachfolgendes Verhalten.

Ich wünsche Dir viel Erfolg bei der Anwendung des ABCD-Schemas!

STEP 23 5 Stufen, um eine alte Gewohnheit durch eine neue zu ersetzen

Alte Gewohnheiten abzulegen und neues Verhalten aufzubauen ist nicht ganz einfach. Wenn Du bisher als Kunde immer „brav" den Preis, den ein Händler oder Verkäufer verlangt hat, bezahlt hast, so stehst Du jetzt vor einer neuen Situation: Du nimmst jetzt Dein Recht in Anspruch, einen Angebotspreis zu hinterfragen mit dem Ziel, von Deinem „sauer verdienten Geld" eben so wenig wie möglich für ein bestimmtes Produkt auszugeben.

Wenn Du neues Verhalten bzw. neue Gewohnheiten stabil und dauerhaft aufbauen willst, musst Du verschiedene Lern-Phasen durchlaufen. Das gilt grundsätzlich für alle Lebensbereiche: im Beruf, beim Sport oder beim Erlernen eines Hobbys. Das gilt aber insbesondere dann, wenn Du **zunächst noch irrationale Gedanken überwinden** musst, die Dir bei dem Aufbau eines neuen Verhaltens im Wege stehen.

Das Erlernen eines neuen Verhaltens erfolgt über **5 Stufen**:

- die **Stufe der theoretischen Einsicht**, dass Dein bisheriges Denken Dich an dem Aufbau eines neuen, angestrebten Verhaltens behindert hat
- die **Stufe des bewussten Einübens** neuer, hilfreicher Gedanken
- die **Stufe des Aushaltens eines anfänglichen Widerspruchs zwischen Kopf und Bauch**
- die **Stufe der Übereinstimmung von Kopf und Bauch** und
- die **Stufe des Aufbaus und der Stabilisierung der neuen Gewohnheit**.

Diese Stufen musst Du auch auf dem Weg, ein erfolgreicher Preisverhandler bzw. eine erfolgreiche Preisverhandlerin zu werden, durchlaufen. Dieses Buch vermittelt Dir das nötige Wissen und regt Dich zum Üben zielführender Gedanken und Verhaltensweisen an, damit Dir das Verhandeln über Preise in Fleisch und Blut übergeht.

Wenn Du also alte Gewohnheiten zum Thema Preisverhandlung durch neue ersetzen willst, durchläufst Du demnach z.B. folgende **5 Stufen**:

1. Stufe: **Dir ist bewusst**, dass Du bisher auf der Basis gelernter, zum Teil auch **irrationaler oder unkritisch übernommener Gedanken** den Angebotspreis einer Ware einfach als gegeben und unveränderlich betrachtet hast. Möglicherweise kommen Dir Gedanken wie die folgenden bekannt vor:

   - *'Preise sind halt Festpreise'.*
   - *'Handeln ist unmöglich.'*
   - *'Über den Preis zu verhandeln ist unmoralisch.'*
   - *'Das kann ich nicht.'*
   - *'Ich würde mich nur blamieren.'*
   - *'Die Leute im Geschäft würden mich schief ansehen.'*

2. Stufe: Du hast Dich entschieden, Preise nicht mehr als gottgegeben oder als Naturgesetze anzusehen. Jetzt geht es darum, dass Du **systematisch trainierst**, Gedanken zu entwickeln, die eine **positive Einstellung** zum Thema Preisverhandlung unterstützen.

3. Stufe: Möglicherweise hast Du dabei anfangs das Gefühl, dass Du Dir etwas einredest. Es existiert also noch ein **Widerspruch zwischen Kopf und Bauch**. Da musst Du einfach durch! Mit diesem Konflikt wirst Du eine Zeit lang leben müssen. Dein Verstand sagt ja, aber Dein Bauch rebelliert noch. Jetzt ist es wichtig, dass Du Deinem Verstand einfach den Vorrang gibst. Ein **Beispiel**: Ich interessiere mich für Fremdsprachen und habe mich in letzter Zeit viel mit Italienisch beschäftigt. Das ging so weit, dass ich häufig auch in dieser Sprache denke. Kürzlich war ich in Frankreich. Da ich auch etwas französisch spreche, versuche ich dort natürlich, mich in der Landessprache verständlich zu machen. Dabei habe ich mich ständig ertappt, dass ich - obwohl ich das jeweilige französische Wort kannte - Wörter italienisch ausgesprochen habe. Mein Kopf sagte mir: Du bist in Frankreich, also sprich' Französisch. Gefühlsmäßig war ich aber emotional noch so im Italienischen verhaftet, dass ich das zu Anfang meines Aufenthaltes immer wieder durcheinander brachte.

4. Stufe: Nach einer gewissen Zeit stimmen Kopf und Bauch überein. Dann hast Du es geschafft! **Den Preis zu hinterfragen** und über ihn zu verhandeln, **ist für Dich selbstverständlich**, Du bist dabei ruhig und entspannt.

5. Stufe: Dein **neues Denken** über Preise ist Dir **in Fleisch und Blut übergegangen**. Du hast dabei keinerlei ungute Gefühle mehr, auch wenn es einmal nicht so gut klappt, wie Du es Dir vorgestellt hast.

Überprüfe einmal Deine eigenen Gefühle und Gedanken zum Thema Preisverhandlungen. Wie siehst Du das Ganze nach all den Informationen, die Du bis hierher erhalten hast und den Übungen, die Du bislang gemacht hast? *Was sagt Dein Kopf, und was meint Dein Bauch? Auf welcher Stufe stehst Du?*

Neues Verhalten und neue Gewohnheiten entstehen nicht über Nacht. Wenn in Deinem bisherigen Leben Kaufpreise für Dich einfach Tatsachen waren, die Du wie gottgegeben hingenommen hast, wirst Du nicht von heute auf morgen zum begeisterten Preisverhandler. Du musst bestimmte Stufen des Umlernens durchlaufen und brauchst dafür dreierlei: Wissen, Übung und die Geduld, auch in schwierigen Lernphasen durchzuhalten.

Leider verfüge ich über kein Patentrezept, das Dir diesen nicht einfachen Weg ersparen könnte. Ich kann Dich auch nicht einfach hypnotisieren, wie das manche hoffen, die von einer lästigen Gewohnheit, wie zum Beispiel dem Rauchen, loskommen wollen. Ich will Dich mit diesem Buch aber gerne dabei unterstützen, Deine Fähigkeiten und Fertigkeiten, Preisnachlässe auszuhandeln, aufzubauen und zu verbessern. Du bist jetzt schon so weit im Buch fortgeschritten. Halte einfach weiter durch und mache weiterhin so aktiv mit!

STEP 24 Wichtige Grundprinzipien für Verhandlungen

Bevor Du über den Preis eines Produktes verhandelst, solltest Du Dir über die folgenden Punkte klar werden:

- Welches wäre Deine **Maximal-**, welches Deine **Minimal-Lösung**? Wo liegt Deine **Schmerzgrenze** beim Preis, die Du unter keinen Umständen überschreiten willst?
- Willst Du Deine **Forderung** nach einem Preisnachlass **„um jeden Preis" durchsetzen**?
- Würde ein **Entgegenkommen** Deinerseits eine **Niederlage** für Dich bedeuten?
- **Kompromissbereitschaft** ist grundsätzlich immer gut. Sie sollte jedoch **nicht voreilig** als Strategie zur Vermeidung eines Konfliktes signalisiert werden. Wie könnte ein möglicher Kompromiss beim Kauf des gewünschten Produktes von Deiner Seite her aussehen?
- Eine Verhandlung sollte **keine Sieger oder Verlierer** haben. Günstiger ist es, wenn Du eine so genannte **Win-Win-Lösung** anstrebst, bei der das Geschäft für beide Seiten von Vorteil ist, also beide gewinnen. Das ist vor allem dann wichtig, wenn Du auch in Zukunft Kunde dieses Händlers sein möchtest.
- Erreichte **Zwischenlösungen** solltest Du **mit Deinen Worten wiederholen** und dadurch bekräftigen. Dadurch gewinnst Du auch Zeit. Ein **Beispiel**: *„Sie sagen also, dass Sie 3 % Skonto gewähren?"*

Bitte überlege Dir jetzt einmal anhand eines konkreten Kaufwunsches, was Dir zu den oben genannten Punkten einfällt und schreibe Deine Überlegungen stichwortartig auf.

Sicherlich gehört zu einer geschickten Verhandlungsführung Talent. Aber die meisten Fertigkeiten sind erlernbar. Ein wichtiger Verhandlungsgrundsatz lautet: **Gut vorbereitet ist halb gewonnen**. Damit Du gut vorbereitet in eine Preisverhandlung gehst, solltest Du vorher die Punkte, die im vorangehenden Step aufgelistet sind - am besten schriftlich - für Dich klären.

- Welchen Preis möchtest Du unter keinen Umständen überschreiten?
- Wäre ein Kompromiss für Dich denkbar, zum Beispiel in Form einer Zugabe?
- Gehst Du mit der Einstellung in die Kaufverhandlung, dass das Geschäft für beide Seiten vorteilhaft sein sollte (Win-Win-Lösung)?
- Oder würdest Du unter Umständen lieber auf den Kauf verzichten und dementsprechend „knallhart" verhandeln?

Wenn Du Dir im Klaren bist, was Du willst, gehst Du mit einem besseren Gefühl in die Verhandlung. Und wenn Du Dir vorher überlegst, welche Verläufe das Gespräch nehmen könnte, bist Du für alle Situationen gewappnet und stehst nicht plötzlich „wortlos" da.

Schreibe Dir das Ergebnis Deiner Überlegungen zu diesem Step auf. Dadurch machst Du Dir Deine Einstellung noch stärker bewusst.

Danke für Deine Kooperation!

STEP 25 Die häufigsten Fehler in Verhandlungsgesprächen

Mit einem Verkäufer über einen Preisnachlass zu verhandeln, ist eine Form der **Kommunikation**.
Ungünstig wirken sich dabei folgende **Kommunikationsfehler** aus:

- **Dem Gesprächspartner nicht in die Augen schauen**. Das weist auf ein geringes Selbstvertrauen hin oder wirkt desinteressiert. Ein guter Blickkontakt bedeutet Zuwendung gegenüber der anderen Person und zeigt, dass Du ihr gegenüber aufmerksam bist.
- **Zu leise reden**. Formuliere Deine Argumente klar und deutlich, kurz und prägnant.

- **Nicht richtig zuhören**. Das ist ein Mangel, den Du im Alltag ständig beobachten kannst: Viele Menschen sind froh, wenn sie mit jemandem reden können, aber oft wird dem Anderen nicht richtig zugehört. Das führt zu Informationslücken und Missverständnissen und ist auch einfach unhöflich.
- **Den Gesprächspartner belehren und beeindrucken wollen**. Das gibt vielleicht einen kurzen Kick für das eigene Selbstwertgefühl; aber für eine partnerschaftliche Kommunikation ist das nicht gerade förderlich.
- **Auf Einwände des Anderen nicht eingehen**. Das belastet den Gesprächsverlauf. Du solltest Argumente des Verkäufers ernst nehmen und signalisieren, dass Du Dich mit ihnen auseinandersetzt.
- **Aus der Haut fahren**. Du solltest Dich nicht zu zornigen, aggressiven Äußerungen verleiten lassen. Wie sagte schon *Schiller*? *„Ach, der Zorn verderbt die Besten".*
- **Unfaire Tricks**. Deine Behauptung, ein Bekannter habe in demselben Geschäft schon einmal 10 % Rabatt bekommen, kann leicht nach hinten losgehen, wenn der Verkäufer genau nachfragt.
- **Drohungen aussprechen**. Motto: *„Ihren Laden betrete ich nie wieder!"* Wenn es unbedingt sein muss, kannst Du Deine Enttäuschung auch anders ausdrücken, und zwar als Ich-Botschaft, etwa so: *„Ich finde es schade, dass wir so nicht zu einem Geschäftsabschluss kommen."*

Im Grunde genommen sind **Fehler in Verhandlungsgesprächen Mängel im Kommunikationsverhalten**. Auf einer tieferen psychologischen Ebene geht es um Deine **Grundeinstellung gegenüber Dir und den Anderen**. Je nachdem, welches **Selbstbild** Du von Dir hast, wirst Du auf andere Menschen zugehen. Wenn Du danach strebst, möglichst stärker und besser als Andere zu sein, wirst Du in Kommunikationssituationen versuchen, zu **dominieren**. Hast Du eher eine partnerschaftliche Einstellung, die von **gegenseitiger Achtung und Respekt** vor der Würde des Anderen getragen ist, wirst Du auf den Anderen eingehen (also ihm auch wirklich **zuhören**), ohne ihm gegenüber unterwürfig oder anbiedernd aufzutreten.

Unabhängig von diesen grundlegenden Überlegungen kannst Du Dein **Kommunikationsverhalten durch Training verbessern**. Mache doch einmal die folgende kleine

Übung:

Lass' Dir von einer anderen Person einen kleinen Text ihrer Wahl, zum Beispiel eine kurze Zeitungsnotiz, lauf vorlesen. Sie sollte nur aus 3 - 4 Sätzen bestehen. Anschließend wiederholst Du den Inhalt des Vorgelesenen mit Deinen eigenen Worten, und Dein Partner bzw. Deine Partnerin kontrolliert, ob Du den Inhalt korrekt wiedergegeben hast. (Damit Du nicht der „Loser“ bist, empfehle ich Dir, den Spieß umzudrehen und den Partner/die Partnerin ebenfalls einen von Dir vorgelesenen Text wiedergeben zu lassen ...). Du wirst sehen, die Übung macht Spaß und führt zu interessanten Erkenntnissen über das Thema Zuhören!

STEP 26 Ein Leitfaden für die Vorbereitung des Preisverhandlungsgespräches

Wie bereits in einem vorhergehenden Step gesagt: *Gut vorbereitet ist halb gewonnen!* Bevor Du in die konkrete Verhandlung um den Kaufpreis für Dein Wunschprodukt einsteigst, hast Du Dich ja bereits eingehend über **Deine Anforderungen an das Produkt** (vergleiche *Step 6*), die möglichen **Einkaufsquellen und das Preisspektrum** (siehe *Step 7*) informiert. Sachlich bist Du also bestens vorbereitet. Als Motto dieses Steps Nummer 26 möchte ich Dir eine chinesische Weisheit aus dem 5. Jahrhundert vor Christus, die von dem General Sun Tze stammen soll, mit auf den Weg geben:

„Kennst Du Deinen Gegner und Dich selbst, so brauchst Du hundert Schlachten nicht zu fürchten. Kennst Du Dich, aber nicht den Gegner, so wirst Du für jeden errungenen Sieg eine Niederlage erleiden. Kennst Du weder den Gegner noch Dich selbst, dann verlierst Du jede Schlacht.“

- **Welche Ziele hast Du für die Preisverhandlungen?** Was möchtest Du erreichen? Wo liegt zum Beispiel Deine Schmerzgrenze beim Preis? In **Step 24** habe ich die wichtigsten Kriterien für Deine Zieldefinition bereits behandelt.

- **Mit wem führst Du die Preisverhandlungen?** In der Regel ist das der Verkäufer, der Dich bedient. Falls er sich nicht auf ein Gespräch über den Preis einlässt, ist sein Vorgesetzter oder eventuell der Geschäftsinhaber die richtige Person. Wenig Sinn macht es, erst mit der Kassiererin über die Höhe des Preises zu diskutieren, da dies wohl kaum in ihren Zuständigkeitsbereich fällt.

- **Wann und wo verhandelst Du über den Preis?** Zunächst erkundigst Du Dich ja nach den Eigenschaften des Produkts, den Liefermöglichkeiten des Händlers und seinem Kundenservice. Da Du sachlich aufgrund Deiner Vorbereitung bereits bestens Bescheid weißt, spürt der Verkäufer auch, dass Du sehr interessiert bist, was wiederum eine günstige Verhandlungsposition für Dich schafft. Wenn es dann um den endgültigen Kaufpreis geht, sollte das nicht im Beisein anderer Kunden stattfinden, um eventuell die Befürchtung des Verkäufers eines möglichen Nachahmeffektes auf andere Kunden auszuschließen.

- **Wie argumentierst Du, bzw. welche Argumente kannst Du einsetzen?**
Auch Du könntest z. B. gegebenenfalls darauf verweisen, dass Du bereits zufriedener (Stamm-)Kunde des Händlers bist.

- **Mit welchen Argumenten und Einwänden des Verkäufers musst Du rechnen?** Hierzu habe ich Dir bereits in **Step 13** und **Step 14** wichtige Vorinformationen gegeben. Am besten gehst Du die Punkte dieser Steps noch einmal systematisch durch und überlegst Dir, was davon möglicherweise bei den Verhandlungen über Dein Wunschprodukt von Bedeutung ist. Insbesondere in Step 14 habe ich ja auch bereits konkrete Möglichkeiten aufgezeigt, wie Du auf mögliche **Abwehrstrategien des Verkäufers** eingehen kannst.

- **Wie sieht eventuell Deine Kompromissbereitschaft aus?** Auch hierzu darf ich Dir den **Step 24** in Erinnerung rufen, der auf diesen Punkt eingeht.

Wiederum schlage ich vor, dass Du diesen Leitfaden vor den konkreten Kaufverhandlungen **schriftlich** vorbereitest.

Es gibt wissenschaftliche Untersuchungen, die belegen, dass eine **sorgfältige Planung für den Erfolg oder Misserfolg einer Verhandlung von entscheidender Bedeutung** ist. Mit Deiner Teilnahme an diesem Buch hast Du gezeigt, dass Du Deine Fähigkeiten und Fertigkeiten, über Preisnachlässe zu verhandeln, verbessern willst. Der Leitfaden in diesem Step 26 soll für Dich eine ganz konkrete **Planungsunterlage** sein, mit dessen Hilfe

Du bestens vorbereitet in die konkrete Verhandlung um den Preis für Dein Wunschprodukt gehst. Daher ist es wieder ganz wichtig, dass Du diesen Leitfaden vor den konkreten Kaufverhandlungen **schriftlich** vorbereitest. Mache Dir bewusst, dass Du es bei dem Verhandeln um den Kaufpreis mit einem Profi zu tun hast. Der Verkäufer oder die Verkäuferin, gerade in Fachgeschäften, ist in der Regel bestens geschult und wird nicht so ohne Weiteres vom Angebotspreis Deines Wunschproduktes heruntergehen! Gegenüber einem Profi hast Du bessere Chancen, wenn Du Dich **professionell vorbereitest** (dazu zählt auch das **„Prinzip der Schriftlichkeit**“!). Deswegen biete ich Dir diesen Leitfaden als Hilfe an. Es liegt jetzt an Dir, was Du daraus machst. Oder, um es mit einem Psycho-Spruch zu sagen: *Du hast keine Chance, also nutze sie ...* ☺

STEP 27 Übung macht den Meister: Vorbereitende Übungen zum Verhandlungsgespräch

Erste praktische Gesprächsübungen hast Du ja bereits in **Step 8** (das unvorbereitete Produktinformationsgespräch) und **Step 12** (das vorbereitete Produktinformationsgespräch) durchgeführt. Mit Hilfe der folgenden Übungen sollst Du für Dein erstes „Live“-Preisverhandlungsgespräch bestens präpariert werden.

Übung 1: Training des Preisverhandlungsgespräches in der Vorstellung

Das sogenannte „mentale Training“, also das Trainieren in der Vorstellung, ist Dir vielleicht schon einmal in der Berichterstattung über Hochleistungssportler begegnet. Für die meisten Sportprofis ist es selbstverständlich, dass sie sich geistig auf Wettkampfsituationen vorbereiten. Aber Du kennst diese Methode auch aus Deinem täglichen Leben: Immer, wenn Du Dir im Geiste ausmalst, was alles an schrecklichen Dingen passieren könnte, wenn Du zum Beispiel selbstsicher eine Forderung stellst, praktizierst Du mentales Training! Du trainierst dann nämlich, Angst in dieser Situation zu verspüren. Durch die wiederholte geistige Vorstellung der schlimmen Folgen Deines Verhaltens (etwa Ablehnung und Kritik Anderer) verstärkst und festigst Du Deine Angst und erhöhst damit Deine Bereitschaft, die für Dich schwierige Situation zu vermeiden. Dein Gehirn und das Nervensystem funktionieren nun einmal so: Bereits die geistige Vorstellung einer Gefahr versetzt Deinen Körper in Alarmzustand, was Du dann als Herzklopfen, Zittern, Schwitzen, Erröten usw. erlebst.

Positiv betrachtet ist dieses „Kopfkino“ eine wunderbare Möglichkeit, Dich in der Erreichung Deiner Ziele zu unterstützen (so nutzen die Sportler das!). Nun zum praktischen Vorgehen:

Formuliere **selbstsichere Aussagen** zu Deinem Ziel „Um Preisnachlässe verhandeln“.

Ein **Beispiel**:

Es ist mein gutes Recht als mündiger Verbraucher, mit dem Verkäufer über die Höhe des Kaufpreises einer Ware zu verhandeln.

Vergleiche dazu auch die Anregungen in **den ersten Steps** dieses Kurses. Überlege Dir Sätze für **Dein inneres Selbstgespräch** für den Fall, dass der Verkäufer nicht auf den Wunsch nach einem Preisnachlass eingeht, beispielsweise: *„So wie ich das Recht habe, über den Preis zu verhandeln, hat der Verkäufer das Recht, bei seinem Preis zu bleiben. Das ist für mich aber keine Katastrophe. Ich gehe einfach zum nächsten Händler.“*

Halte Deine Aussagen **auf jeden Fall schriftlich** fest, damit Du jederzeit darauf zurückgreifen kannst.

Als nächstes bitte ich Dich, Dir **täglich mehrmals** ein paar Minuten Zeit zu nehmen und Dir **in entspanntem Zustand** so lebendig wie möglich **vorzustellen, wie Du in dem Geschäft Deiner Wahl um den Preis des von Dir gewünschten Produktes verhandelst**. Dabei sagst Du Dir Deine positiven selbstsicheren Aussagen in Gedanken vor.

Im nächsten Schritt stellst Du Dir vor, wie Du nach der Information über das Produkt den Preis ansprichst, etwa so: *„Der Fernseher entspricht ziemlich genau meinen Vorstellungen. Jetzt ist für mich nur die Frage: Was soll er kosten?“* Anschließend stellst Du Dir den **Dialog mit dem Verkäufer ebenfalls möglichst konkret** vor. Hierfür kannst Du ja vorbereitend auf Deine **bisherigen Notizen** aus den vorhergehenden Steps, insbesondere zum Thema **Abwehrstrategien der Verkäufer**, zurückgreifen. Stell' Dir dabei ruhig vor, dass der Verkäufer Deinem Wunsch nach Preisreduktion nicht entgegenkommt. (Für diesen Fall hast Du Dir ja ebenfalls bereits Vorüberlegungen in **Step 26** gemacht und auch bereits - siehe oben - **hilfreiche Selbstgespräche** vorformuliert!). Schließlich sollst Du nicht mit einer rosaroten Brille an Verhandlungen um den Preis herangehen.

Übung 2: Rollenspiel

Eine sehr wichtige und gute Methode, neues Verhalten zu lernen bzw. zu üben, ist auch das **Rollenspiel**. Dabei wird die **Situation**, in der Du das zu lernende Verhalten später anwenden sollst, **möglichst realitätsnah nachgestellt**. Dadurch kannst Du das neue Verhalten üben, indem Du Dich so verhältst, als würdest Du Dich tatsächlich in der zu übenden Situation befinden.

Bevor Du jetzt übst, eine Preisverhandlung mit einem Verkäufer zu führen, stellst Du Dir **zunächst** vor, **wo das stattfindet**. Weiterhin brauchst Du eine **Partnerin oder einen Partner**, die oder der den **Part des Verkäufers** übernimmt. Du versuchst in dem Rollenspiel, den Preis einer Ware herunterzuhandeln; der „Verkäufer" oder die „Verkäuferin" hält dagegen.

Auf diese Art und Weise kannst Du **Verhalten im Umgang mit anderen Menschen lernen, ohne Angst vor einem Scheitern haben zu müssen**. Damit der Übungsgewinn möglichst groß ist, soll die Situation möglichst eindeutig und genau beschrieben werden. Je besser das gelingt, um so mehr wirst Du profitieren. Du schreibst zunächst also eine Art **„Drehbuch" für das Rollenspiel**:

1. Ort und Zeit: Hier gibst Du möglichst konkret an, wann und wo die Preisverhandlung sich abspielt.
2. Dein Gesprächspartner: Du charakterisierst und beschreibst die Person, mit der Du es in der Situation zu tun hast.
3. Handlung: Hier skizzierst Du kurz den Ablauf der Preisverhandlung.
4. Verhalten des Verkäufers: Du legst fest, wie sich Dein Partner als Verkäufer verhalten soll.
5. Dein eigenes Verhalten: Hier bestimmst Du, worauf Du bei Deinem eigenen Verhalten besonders achten willst, beispielsweise auf den Blickkontakt oder auf die Art und Weise, wie Du sprichst (Stimme; Tonfall). Vergleiche hierzu auch die **Steps 15 bis 18 des Buches**.

Da Du der Autor des Rollenspiel-Drehbuches bist, kannst Du es auch **im Schwierigkeitsgrad** beliebig **variieren**. Zum Beispiel könnte der Verkäufer Deinem Wunsch nach Preisnachlass gegenüber relativ schnell aufgeschlossen sein; er könnte sich aber auch hartnäckig weigern, einen Rabatt zu gewähren. Aus lernpsychologischen Gründen fängst Du am besten mit einer **leichten Situation** an. Wenn Du diese Situation zufriedenstellend beherrschst, steigerst Du den Schwierigkeitsgrad.

Hier eine **Beispielsituation** zur Verdeutlichung:

1. Ort und Zeit: Freitagnachmittag, 14 Uhr, bei Radio- und Fernsehhändler „Glotz".
2. Dein Gesprächspartner: Es bedient Dich der Verkäufer, Herr Kundig..
3. Handlung: Du betrittst das Geschäft und gehst zielstrebig auf Herrn Kundig zu. Du lässt Dir von ihm eingehend die Eigenschaften eines bestimmten TV-Gerätes erläutern: *„Ich interessiere mich für das neue Gerät XY von Onyx."* Der Verkäufer gibt einige fachliche Hinweise und führt Dir das Gerät kurz vor. Du bist weiterhin interessiert und fragst nach dem Preis: *„Das Gerät entspricht meinen Vorstellungen. Was ist Ihr Angebotspreis?"* Herr Kundig nennt den Preis: *„Das Gerät verfügt, wie gesagt, über Kabel- und Satellitenanschluss und eine besonders strahlungsarme Bildröhre. Sie bekommen es bei uns für nur 950,00 Euro."* Du sagst: *„Mein Budget für den neuen Fernseher beträgt maximal 750,00 Euro."* Herr Kundig: *„Bei Barzahlung kann ich Ihnen noch 3 % Skonto gewähren. Zu diesem wirklich günstigen Preis bekommen Sie dann ein wertiges Gerät."* (Achtung! Nach meiner Erfahrung kann „wertig" in der Praxis durchaus auch de facto „minderwertig„ bedeuten. Der Verkäufer vermeidet ja vielleicht bewusst, zu sagen: *„... ein hochwertiges Gerät"* ...). Deine Antwort: *„Schön, dass Sie mir Skonto anbieten. Aber wie gesagt, mehr als 750,00 Euro kann ich dafür nicht ausgeben."* Herr Kundig: *„Gut, ich spreche einmal mit unserem Filialleiter...*(2 Minuten später)... *Wir bieten Ihnen das Gerät zum Sonderpreis von 850,00 Euro an, was halten Sie davon?"* Deine Reaktion: *„Ich bin einverstanden, wenn Sie das Gerät frei Haus liefern und anschließen."* Herr Kundig: *„Dieser Service ist für unser Haus selbstverständlich. Darf ich Sie dann zur Kasse begleiten?"*
4. Verhalten des Verkäufers: In dem obigen - relativ leichten Beispiel - ist der Verkäufer recht schnell bereit, einen deutlichen Rabatt zu gewähren.
5. Dein eigenes Verhalten: In diesem Rollenspiel achtest Du insbesondere darauf, dass Du Blickkontakt zu dem Verkäufer hältst und mit klarer und deutlicher Stimme sprichst.

Führe jetzt **mindestens 3 Rollenspiele** in der Art des oben dargestellten Beispiels durch. Variiere dabei den Schweregrad, indem Du den Widerstand des Verkäufers gegen eine Preisreduktion erhöhst. Anregungen für Variationsmöglichkeiten findest Du in **STEP 14**: Die Preisverteidigungsstrategien der Verkäufer.

Lass' Dir von Deinem Rollenspielpartner **Rückmeldung über Dein Käuferverhalten (Argumentation; nonverbales Verhalten)** geben. Besonders effektiv für Deinen Lernfortschritt ist es, wenn Du die **Rollenspielübungen per Audio- oder - besser noch - per Videoaufnahme aufzeichnest**. So kannst Du anschließend Dein eigenes Verhalten von außen beobachten.

STEP 28 Du bist bestens vorbereitet, jetzt wird's ernst: Du verhandelst in einem Geschäft um den Preis für Dein Wunschprodukt

Mit den vorangegangenen 27 Steps habe ich in erster Linie ein Ziel verfolgt: Dich fit zu machen für den Ernstfall, die Preisverhandlung bei Deinem Wunschprodukt. Dir ist **Dein Recht bewusst, den Preis einer Ware frei auszuhandeln**. Das hat der Gesetzgeber mit der Abschaffung des Rabattgesetzes ausdrücklich so gewollt! Du **verhandelst mit einer partnerschaftlichen Grundeinstellung**, die grundsätzlich von einer **Gewinnerlösung** („Win-Win-Situation") für beide Beteiligte, den Händler und den Käufer, ausgeht. Du hast Dir überlegt, **ab welcher geldmäßigen Größenordnung sich für Dich der Aufwand einer guten Vorbereitung auf Preisverhandlungen lohnt**. Dir ist bewusst, dass **Preise keine Naturgesetze** sind, sondern von einem Anbieter frei kalkuliert werden, der natürlich in einer marktwirtschaftlichen Ordnung, wie der unseren, nach Gewinnmaximierung strebt. Du weißt jetzt, **wie wichtig eine gute Produktkenntnis ist** und **wo Du am günstigsten einkaufst**.

Du weißt, was Du willst, kennst Deine „**Schmerzgrenze**" für die Verhandlung. Du kennst mögliche **„psychologische Tricks" der Verkäufer** und weißt, mit welchen Argumenten sie versuchen, den geforderten Kaufpreis zu verteidigen. Worauf es bei Deinem **Kommunikationsverhalten in dem Verhandlungsgespräch** ankommt, ist Dir bekannt: **Selbstsicheres Auftreten** in Deiner **Argumentation** und in Deinem **nicht-sprachlichen, nonverbalen Verhalten**. Von **ungünstigen, irrationalen Gedanken** vor der Kaufpreisverhandlung lässt Du Dich nicht entmutigen, sondern Du setzt **günstige, positive, zielführende Gedanken** dagegen. Dabei sind Dir **hilfreiche Techniken**, wie der **Gedanken-Stopp** und das **ABCD-Schema**, eine wertvolle Hilfe. Schließlich bereitest Du Dein Preisverhandlungsgespräch systematisch anhand von **Checklisten** schriftlich vor und hast denkbare **Gesprächsverläufe mental und in Rollenspielübungen trainiert**.

Du bist also optimal auf Dein erstes Preisverhandlungsgespräch vorbereitet. Ich möchte Dich jetzt einfach ermutigen, Dein erstes „echtes“ Verhandlungsgespräch zu führen. Lasse den Inhalt des Kurses noch einmal Revue passieren. Welche Punkte sind für Dich besonders wichtig?

⇒ Die **Vorbereitung** der Kauf- bzw. Preisverhandlung?

⇒ **Deine Argumentation** und die möglichen **Gegenargumente des Verkäufers**?

⇒ Worauf musst Du bei Deinem **nonverbalen Verhalten** achten?

⇒ Ist Dir bewusst, wo ein **möglicher Kompromiss** (geringere Höhe des Rabatts? Zugabe statt Rabatt? Berücksichtigung des kundenfreundlichen Verhaltens des Verkäufers?) für Dich liegt?

⇒ Bist Du „gut drauf“, das heißt in einem **lockeren und entspannten Zustand**?

⇒ Bist Du eventuell **bereit, auch nicht zu kaufen**, wenn Du Dein Minimalziel nicht erreichst?

Gehe die Kaufsituation noch einmal in Gedanken durch, und schreibe Dir die für Dich wichtigsten Punkte noch einmal auf. Falls Dir das Aufschreiben nicht so liegt, könntest Du auch mit einem guten Bekannten oder einer Freundin bzw. einem Freund über Dein Vorhaben sprechen. Und vor allem: Gehe **entspannt und locker** an die Sache heran und setze Dir ein klares Minimalziel. Für den Fall des Nichterreichens Deines Minimalziels wäre es ideal, wenn Du konsequent auch bereit wärst, auf den Kauf - zumindest in diesem Geschäft - zu verzichten.
Nach meiner Erfahrung gelingt eine Preisverhandlung dann am besten, wenn Du zwei Voraussetzungen „mitbringst“:

- Du bist in einem möglichst **entspannten, lockeren Zustand**, dabei aber **hellwach**.

- Du **weißt, was Du willst** und bist gegebenenfalls **auch bereit, nicht zu kaufen** (!). Wenn Dich die „Gier“ nach dem Produkt packt, hast Du schon verloren. Der Verkäufer merkt das und wird wahrscheinlich auf Deinen Wunsch nach einem Preisnachlass nicht eingehen.

Ich wünsche Dir viel Erfolg für Deine erste Preisverhandlung!

STEP 29 Mögliche Ergebnisse Deiner ersten Preisverhandlung - und welche Schlussfolgerungen Du daraus ziehen kannst

Du hast Dein erstes Preisverhandlungsgespräch geführt und kannst stolz auf Dich sein!

Ein Gespräch lässt sich niemals in allen möglichen Facetten und Entwicklungsmöglichkeiten im Vorhinein festlegen. Kommunikation ist immer eine dynamische Wechselwirkung der beteiligten Personen. Ich finde es zunächst einmal prima, dass Du Dein erstes Preisverhandlungsgespräch in der Praxis geführt hast. Herzlichen Glückwunsch!

Ich hoffe als Dein Coach natürlich, dass Du mindestens Dein minimales Verhandlungsziel erreicht hast. Noch schöner wäre es natürlich für Dich, wenn Du einen besonders guten Rabatt ausgehandelt hättest.

Jetzt ist die Nachbereitung wichtig: Wie hast Du Dich in dem Verhandlungsgespräch **gefühlt**? Wo lagen **Deine Stärken**? Gab es noch **Schwächen** in Deiner Verhandlungsführung? Schreibe Dir diese Punkte zumindest stichwortartig auf.

Für den Fall, dass es nicht so gut für Dich lief, gelten dieselben Fragen! Es ist ganz wichtig, dass Du **Fehler**, die Dir eventuell passiert sind, **als Chance** siehst, etwas dazu zu lernen!

Stell' Dir vor, als Kleinkind hättest Du, nachdem Du bei Deinen ersten Gehversuchen umgefallen warst, alle weiteren eigenständigen Bemühungen zu laufen aufgegeben! Möglicherweise könntest Du Dich heute als Erwachsener nur mit Gehhilfen oder im Rollstuhl fortbewegen.

Also, jetzt geht es erst richtig los! **Bitte schreibe Dir auf**:

- **Was hast Du gut gemacht?**
- **Was ist Dir nicht so gut gelungen?**
- **Was wirst Du im nächsten Preisverhandlungsgespräch anders machen?**
- **Ist Dir sonst noch etwas aufgefallen, was von Bedeutung ist?**

Falls Du diese Punkte nicht aufschreiben möchtest: Sprich mit einem Bekannten oder einem Freund / einer Freundin über Deine Erfahrungen.

Du hast Deine erste Preisverhandlung durchgeführt. Dafür möchte ich Dir noch einmal meine Anerkennung aussprechen! Ganz gleich, wie das konkrete Ergebnis dieses ersten Verhandlungsgespräches für Dich ist, es war auf jeden Fall ein Erfolg für Dich. Ein bekanntes Sprichwort sagt nicht umsonst:

Es ist noch kein Meister vom Himmel gefallen ...

STEP 30 Uff, geschafft, das letzte Step: Wie geht es weiter?

Herzlichen Glückwunsch! Es war unterwegs vielleicht manchmal nicht einfach für Dich, weiterzumachen. Du hast aber den letzten Step des Buches erreicht und Dir alle Voraussetzungen erarbeitet, in Zukunft beim Einkauf erfolgreich Preisnachlässe auszuhandeln.

Ich möchte mich ausdrücklich für Deine engagierte Mitarbeit und die gute Zusammenarbeit mit Dir bedanken.

Wie geht es jetzt weiter? Das liegt natürlich in erster Linie bei Dir. Ich gehe davon aus, dass Du weiterhin an der Vervollkommnung Deiner Fertigkeiten zum erfolgreichen Preisverhandler arbeiten wirst. Mit jeder weiteren Verhandlung gewinnst Du neue Erfahrungen. Dazu fällt mir übrigens wieder ein Sprichwort ein:

Erfahrung tut mehr als Meisters Lehr'.

Du wirst feststellen, dass Dir das „Feilschen" - um nochmals diesen meines Erachtens etwas abwertenden Begriff zu verwenden - zunehmend Spaß macht. Nach meiner Erfahrung ist es allerdings wichtig, zwei Dinge nicht aus den Augen zu verlieren:

- Gehe nur in Preisverhandlungen, wenn Du Dich gut und „locker drauf" fühlst.

- Am härtesten kannst Du verhandeln, wenn Du bereit bist, gegebenenfalls auch den Kauf nicht zu tätigen. Das bedeutet nicht, dass Du den gewünschten Gegenstand nie bekommst; es verlangt nur, dass Du zumindest zu dem Zeitpunkt, wo Du Dein Minimal-Ziel nicht erreichen kannst, **NEIN** sagst!

Und noch ein kleiner Tipp, der sich bei Verhandlungen durchaus bewähren kann: Wenn Du **bar oder mit EC-Karte** zahlst, ist das in der Regel besonders verlockend für den Verkäufer bzw. Händler, und sein Widerstand gegen eine Preisreduktion schmilzt eher dahin. Bei einem **Leasingvertrag** oder einem **Kreditverkauf** ist der Verkaufspreis wohl kaum verhandelbar; es sei denn, du nimmst einen Bankkredit auf und trittst im Geschäft als „Barzahler" auf.

Allerdings: Nach meiner Erfahrung lohnt sich eine Preisverhandlung nicht nur, wenn es um Waren / Produkte geht. Auch **Preise für Dienstleistungen** sind natürlich verhandelbar. Nehmen wir **Bankprodukte**, wie Hypothekenzinsen oder Zinsen für eine Überziehung Deines Gehaltskontos (Dispokredit). Gerade bei langfristigen Verpflichtungen, wie einem Hypothekenkredit, kannst Du z. B. bei einem um 0,25 Prozent niedrigeren Darlehenszinssatz auf die Laufzeit - 5, 10 Jahre oder länger - richtig viel Geld sparen! Das kann im Einzelfall einige Tausend Euro ausmachen. Bei den Zinsen für Überziehungskredite fällt mir übrigens gelegentlich - ich weiß nicht wieso - der Begriff „Wucher" ein. Auch an dieser Stelle lohnt sich durchaus zumindest ein Vergleich der Höhe der von Banken berechneten Zinsen bei Überziehungen im Internet, da gibt es immense Unterschiede. Ansonsten ist das bei Banken leider oft so: Je mehr Geld ein Kunde hat, um so günstiger sind die Konditionen für ihn ...

Ein weiteres Beispiel: Ich hatte für eine **Kurzreise** ein Zimmer direkt bei dem Hotel gebucht. Wenig später entdeckte ich bei einem Reiseveranstalter im Internet ein deutlich günstigeres Angebot für dasselbe Zimmer im gleichen Zeitraum. Ich rief kurz entschlossen im Hotel an und sprach dies an. Daraufhin wurde mir völlig problemlos der niedrigere Preis des Internetanbieters zugesichert. Immerhin eine Ersparnis von 40 Euro ...
Immer, wenn Du für eine Ware oder eine Dienstleistung bezahlen sollst, lohnt sich häufig schon alleine das Ansprechen der Höhe des Preises. Nicht selten lenkt der Anbieter nach meiner Erfahrung dann schon direkt ein und bietet selbst einen Preisnachlass an!

Bitte verinnerliche daher:

Wer fragt, gewinnt!

Ich wünsche Dir für die Zukunft persönlich und natürlich in Bezug auf Deine Verhandlungserfolge alles Gute! Es grüßt Dich herzlich Dein Coach

Franz A. Comes

P.S.

Du hast aufgrund Deines Fleißes und Deines Durchhaltevermögens den letzten Step des Coachings erreicht und damit allen Grund zu feiern oder Dich mit etwas Besonderem aus Deiner Verstärkerliste zu belohnen!

Das weitere Vorgehen liegt jetzt ganz bei Dir. Ich hoffe, dass Du weiterhin Gelegenheiten zum Verhandeln über Preisnachlässe wahrnimmst. Dabei kannst Du ruhig auch einmal aus dem Bauch heraus handeln. So erging es mir vor einiger Zeit, als ich bei einem Optiker eine Sonnenbrille gesehen hatte, die mir spontan gut gefiel. Zuerst hatte ich noch gezögert, weil ich wirklich nicht mit dem Ziel unterwegs war, etwas zu kaufen, sondern eigentlich nur meine Lesebrille reparieren lassen wollte. Na ja, so geht es manchmal. Die Sonnenbrille war nicht billig - das Preisschild lautete auf 186,00 Euro - und eigentlich war ich zunächst im Konflikt, ob ich über einen Rabatt verhandeln sollte. Die nette Verkäuferin - die Tochter des Geschäftsinhabers, wie sich später herausstellte - war sehr freundlich, und die Reparatur meiner Brille sowie die Reinigung mit Ultraschall gehörten zum Service und waren für mich kostenlos. Ich war also ein zufriedener Kunde. Aber irgendwie dachte ich mir doch: 'Die Sonnenbrille ist nicht billig. Eigentlich müsste da etwas im Preis zu machen sein.' Also sagte ich: *„Was kostet die Brille denn im Ausverkauf?“* Die Verkäuferin sah mich etwas konsterniert an: *„Aha, das Rabattgesetz. Wenn da jeder kommt ...“* Ich war gut gelaunt, nahm es locker und antwortete mit gespielter Entrüstung: *„Ich käme doch nie auf die Idee, das auszunutzen!“* Sie: *„Na ja, für Sie 180 Euro.“* Ich: *„Einverstanden, jetzt kriegen Sie auch mein letztes Geld.“*
Zugegeben, dieser Rabatt war mit 6 Euro nicht besonders hoch. Aber es war auch ein Bereich, wo ich - je nach meiner Stimmungslage - nicht immer verhandele (bei höherpreisigen Artikeln bin ich automatisch mehr motiviert), und außerdem war ich mit dem kundenfreundlichen Verhalten dieses Geschäfts sehr zufrieden. Die kleine Geschichte soll Dich ermutigen, ruhig auch einmal unvorbereitet, aus der Situation und „dem Bauch heraus“

Dein „Rabattglück“ zu versuchen. Nimm es locker und gelassen, dann wird es schon schiefgehen : -).

In diesem Sinne: Nochmals danke für Deine gute Mitarbeit. Ich wünsche Dir für Deine zukünftigen Preisverhandlungen alles Gute und viel Erfolg in Mark und Pfennig ... äh ... Euro und Cent!!

Vielleicht empfiehlst Du dieses Buch Deinen Freunden und Bekannten, damit sie ebenfalls lernen bzw. üben, erfolgreich Preisnachlässe auszuhandeln und so eine Menge Geld sparen können? Auf Wunsch ist nach Absprache auch ein **persönliches Einzelcoaching** möglich. Bei ausreichender Teilnehmerzahl werde ich zudem **Seminare** zum Themenkreis **Preisverhandlung und Verkaufspsychologie** anbieten.

Falls Du Fragen oder Anregungen hast, kannst Du mir gerne eine Mail senden an:

preisverhandlungscoach@arcor.de

Literaturhinweise

Zur Ergänzung und Vertiefung der angesprochenen Themen habe ich hier eine kleine Literatur-Auswahl zusammengestellt:

BIERACH, Dr. A: Mentales Training. Düsseldorf: Econ-Verlag, 1979.

CIALDINI, R. B.: Die Psychologie des Überzeugens. Ein Lehrbuch für alle, die ihren Mitmenschen und sich selbst auf die Schliche kommen wollen. Bern: Verlag Hans Huber, 1997.

LUCAS, M.: Hören, Hinhören, Zuhören. Offenbach: Gabal-Verlag, 1995.

LAUSTER, P.: Lassen Sie sich nichts gefallen. Reinbeck bei Hamburg: Rowohlt, 2011.

LAUSTER, P.: Selbstbewusstsein. Reinbeck bei Hamburg: Rowohlt, 2010.

NIX, U.: Überzeugend und lebendig reden. München: mvg-Verlag, 1995.

PUNTSCH, E.: Zitate-Handbuch. Augsburg: Weltbild-Verlag, 1990.

RUEDE-WISSMANN, W.: Super Selling. Landsberg am Lech: mvg-Verlag, 2000.

ULLRICH, R. / de MUYNCK, R.: Einübung von Selbstvertrauen und sozialer Kompetenz. München: Pfeiffer, 1998.

Falls Du an dem Thema Personal- und Organisationsentwicklung bzw. Coaching im Unternehmensbereich interessiert bist, empfehle ich mein Buch:

COMES, F. A.: Moderne Personal-Ent-Wicklung. Heidelberg: Verlag Wirtschaft und Recht, 2004.

Anhang

Richtige Lösungen (<u>unterstrichen</u>) der Aufgabe von Seite 38:

1. Ich habe das Recht, über den vom Verkäufer einer Ware verlangten Preis zu verhandeln. (*<u>s</u> u a?*)
2. Ich sollte den Preis einer Ware akzeptieren, da ich sonst den Verkäufer verärgere. (*s <u>u</u> a?*)
3. Ich habe das Recht, zu einem Angebot, das mich nicht überzeugt, nein zu sagen. (*<u>s</u> u a?*)
4. Der Verkäufer soll sich gefälligst nach meinen Wünschen richten! (*s u <u>a</u>?*)
5. Der Verkäufer ist sicher viel redegewandter als ich. (*s <u>u</u> a?*)
6. Ich werde diesem Verkäufertypen mal zeigen, wo Bartel den Most holt! (*s u <u>a</u>?*)

Printed by Books on Demand GmbH, Norderstedt / Germany